평신도를 위한 알기 쉬운

사도신경: **使徒信經** 해설　The Apostles' Creed
십 계 명: **10誡命**　해설　The Ten Commandments
주기도문: **主祈禱文** 해설　The Lord's Prayer

평신도를 위한 알기 쉬운

사도신경: 使徒信經 해설 The Apostles' Creed
십 계 명: 10誡命 해설 The Ten Commandments
주기도문: 主祈禱文 해설 The Lord's Prayer

최낙일 지음

도서출판 영문

최낙일 목사

主祈禱文 (不息祈禱) 살전5장 17절

十誡命 (至死守誡) 계2장 10절

使徒信經 (信仰告白) 마16장 16절

 **책을 내면서**

최낙일 목사

필자는 평신도의 신앙을 깨우치고자 이 책을 쓰게 되었습니다.

교회는 열심히 출석하고 있고 나름대로 신앙이 있다고는 하지만, 교회 직분자들도 이것(사도신경, 십계명, 주기도문)을 신학적인 면과 구원의 복음진리를 아는 면에 부족한 점들이 많다고 생각이 되어 바로 알고 믿으면서 바른 신앙을 갖게 하고자 하는 마음 간절합니다.

이것은 한국교회가 전통(傳統)적으로 공 예배때 마다 사용해 온 것이며 매우 중요합니다. 특히 사도신경은 주후 100년부터 교회가 사용 해 온 가장 오래된 신조(信條)입니다.

사도신경은 성경을 체계적으로 간추린 기독교 근본교리 "성경은 영감된 하나님의 말씀이며 무오함"(벧후1:21) "예수의 동정녀 탄생"(마1:23) "예수의 대속의 죽음"(롬5:8) "예수의 부활"

(고전15:3.4) "예수의 공중재림"(계1:7)을 요약한 것입니다.

   십계명은 구약 율법을 요약한 것이고, 주기도문은 주님께서 기도의 표준을 가르쳐 주신 것입니다.
   우리는 이 신앙고백과 함께 신행(信行)함으로 우리의 신앙을 더욱 돈독케 해야 할 것입니다.
   이 책을 쓸 때에 설교체로 썼으며, 권면과 교훈을 역설체로, 때로는 성령의 감동을 받을 때에는 울면서 찬송을 불렀습니다. 그때 불렀던 찬송가도 넣었습니다. 그리고 본문을 이해하기 쉽게 한문(漢文)을 사용한 점을 이해해 주시기 바랍니다.
   이 책은 주일학교, 중고등부, 대학부, 청년부, 기타 각 기관 성경공부반에서 주일마다 성경공부 교재로서도 유익합니다.

   우리는 남북통일을 고대하고 있습니다. 백두산(白頭山)나무를 찍어다가 평양신학교를 재건하고, 금강산과 백두산에 기도원을 짓고, 북한 방방곡곡에 교회를 재건하고.... 예수님이 재림하시기 전에 다시 한 번 우리 한국교회가 복음 진리를 세계에 비추어 나가기를 열망하면서 신앙으로 나아갑시다.
   원고를 타이핑하고 교정에 수고한 나의 아내 劉姬榮께 고마움을 전합니다.
   그리고 책이 나올 때 까지 E-mail로 교정과 여러모로 수고한 나의 둘째아들 경철집사에게 고마움을 전합니다. 끝으로 출판에 수고 해주신 영문출판사 김수관사장인 장로님께 감사하는 바입니다.

2013. 4. 11.

L. A에서 저자 **최낙일** 목사 (CHOI. NAk IL)

목차

책을 내면서 …… 9

PART 1
사도신경(使徒信經) 해설 ……………………………… 17
(The Apostles' Creed)

제 1장 하나님을 믿음(聖父) …………………………… 19

(1) 전능하신 하나님(全能)
(2) 창조주 하나님(創造主)
(3) 아버지 하나님(聖父)

제 2장 예수 그리스도를 믿음(聖子) ………………… 24

(1) 그 외아들(獨生子)
(2) 우리 주(主)
(3) 예수 그리스도
(4) 성령으로 잉태하사 동정녀 마리아에게 나심(童貞女誕生)
(5) 본디오 빌라도에게 고난을 받으심(苦難)
(6) 십자가에 못박아 죽음(十字架)
(7) 장사 지낸바 되심(葬事)
(8) 부활하심(復活)

(9) 승천하심(昇天)
(10) 하나님 우편에 앉아계심(右便)
(11) 그리스도의 재림(再臨)

제 3장 성령을 믿음(聖靈) ················· 53
(1) 성령의 사역(事役)
(2) 보혜사 성령의 사역(保惠師의事役)

제 4장 거룩한 공회(公會:敎會) ················· 60
(1) 교회 성격
(2) 여러 시대의 교회
(3) 참 교회의 세 가지 표지(標識)

제 5장 성도의 교통(聖徒交通) ················· 65
(1) 은혜와 진리로 함(恩惠眞理)
(2) 하나님과의 교통(交通)

제 6장 죄를 사하여 주심(赦罪) ················· 67
(1) 원죄(原罪)
(2) 자범죄(自犯罪)
(3) 죄의 결과(結果)
(4) 사죄(赦罪)

제 7장 몸이 다시 삶(身體復活) ················· 70
(1) 부활의 시기(復活時期)
(2) 부활체(復活體)
(3) 악인의부활(惡人復活)

제 8장 영생(永生:天國) ··· 72
 (1) 오직 믿음으로 들어감(信仰)
 (2) 신자는 상을 받음(報償)
 (3) 불신자는 영벌(永罰)

제 9장 믿사옵나이다(信仰). 아멘 ······································ 74
 (1) 믿사옵니다(信仰)
 (2) 아멘

PART 2
십계명(10誡命) (출 20:1-17) ·· 75
(The Ten Commandments)

제 1 은, 너는 나 외에는 다른 신들을 네게 있게 말찌니라(3)
제 2 는, 너를 위하여 새긴 우상을 만들지 말고 또 위로 하늘에 있는 것이나 아래로 땅에 있는 것이나 땅 아래 물속에 있는 것의 아무 형상이든지 만들지 말며 그것들에게 절하지 말며 그것들을 섬기지 말라(4-6)
제 3 은, 너는 너의 하나님 여호와의 이름을 망령되이 일컫지 말라(7)
제 4 는, 안식일을 기억하여 거룩히 지키라(8-11)
제 5 는, 네 부모를 공경하라(12)
제 6 은, 살인하지 말찌니라(13)
제 7 은, 간음하지 말찌니라(14)
제 8 은, 도적질하지 말찌니라(15)
제 9 는, 네 이웃에 대하여 거짓 증거하지 말찌니라(16)
제10은, 네 이웃의 집을 탐내지 말찌니라(17)

PART 3
주기도문(主祈禱文) (마 6:9-13) ·······················105
(The Lord's Prayer)

(1) "하늘에 계신"
(2) "우리 아버지여"
(3) "이름이 거룩히 여김을 받으시오며"
(4) "나라이 임하옵시며"
(5) "뜻이 하늘에서 이룬 것같이 땅에서도 이루어 지이다"
(6) "오늘날 우리에게 일용할 양식을 주옵시고"
(7) "우리가 우리에게 죄 지은 자를 사하여 준 것같이 우리 죄를 사하여 주옵시고"
(8) "우리를 시험에 들게 하지 마옵시고"
(9) "다만 악에서 구하옵소서"
(10) "대개 나라와 권세와 영광이 아버지께 영원히 있사옵나이다" 아멘.

부록: 성경은 하나님의 말씀이다 ·······················117

PART 1

사도신경(使徒信經) 해설
(The Apostles' Creed)

The Apostles' Creed

사도신경(使徒信經)
(The Apostles' Creed)

전능하사 천지를 만드신

하나님 아버지를 내가 믿사오며

그 외아들 우리 주 예수 그리스도를 믿사오니

이는 성령으로 잉태하사

동정녀 마리아에게 나시고

본디오 빌라도 에게 고난을 받으사

십자가에 못박혀 죽으시고

장사한 지 사흘 만에 죽은 자 가운데서

다시 살아나시며 하늘에 오르사

전능하신 하나님 우편에 앉아 계시다가

저리로서 산 자와 죽은 자를 심판하러 오시리라

성령을 믿사오며

거룩한 공회와 성도가 서로 교통하는 것과

죄를 사하여 주시는 것과

몸이 다시 사는 것과

영원히 사는 것을 믿사옵나이다 아멘

하나님을 믿음(聖父)

"전능하사 천지를 만드신 하나님 아버지를 내가 믿사오며"

(1) 전능하신 하나님(全能)
(창17:1-8, 35:11, 43:14, 48:3, 사12:6, 욥8:5)

"전능하사……하나님 아버지를 내가 믿사오며"

'하나님께서 전능(全能)하시다' 함은 '하나님께서 원하시는 뜻을 다 하신다' 함이다. 마19:26 "……하나님으로서는 다할 수 있느니라"

- 눅1:37 "대저 하나님의 모든 말씀은 능치 못하심이 없느니라. (창18:14)
- 하나님은 무소부위(無所不爲)하심(못할 것이 없음). (욥42:1-2)
- 하나님은 무소불능(無所不能)하심(능통하지 않은 것이 없음).

(욥42:2)
- 하나님은 '무소부지'(無所不知)하심(모르는 것이 없음).
 (단2:17-45(19-23,28,47)
- 하나님은 '무소부재'(無所不在)하심(아니 계신 곳이 없음).
 (시139:7-10)

하나님은 천지만물을 무(無)에서 유(有)를 창조하신 전능하신 하나님이시다(렘32:17, 욥36:5, 8:5). 또한, 하나님의 구원 계획을 성취하기 위하여 늙은 '사라' 곧 그는 경수가 끊어졌고 남편 '아브라함'은 늙어서 죽은 자와 같았어도 100세에 아들 이삭을 낳았다(창21:1-7).

이렇게 하나님은 하고자 하시면 모든 것을 가능케 하신다. 이러한 전능하신 하나님을 믿으니 두려워 할 것이 무엇이냐(사43:1 "....두려워 말라……. 너를 구속하였고…..너는 내 것이라")

(2) 창조주 하나님(創造主) (창1:1. 히11:1-6, 시134:3)

"천지를 만드신 ……하나님 아버지를 내가 믿사오며"

창1:1에 '창조'는 히브리어로 '바라(bala)', 영어로는 'create'로서 아무것도 없는 가운데서 만드신 것을 가리킨다.

곧 하나님께서 입을 열어 "가라사대 있으라" 하시니 생겨난 것이다. 이렇게 6일간 천지를 창조하신 것이다(창1:1).

시8편은 자연계에 나타난 주님의 영광을 노래하며 찬양함이다. 곧 천지에 가득한 만물을 볼 때에 조물주의 지혜와 능력을 보여 준다(시8:1). 천문학자 '케플러'(Kepler)는 말하기를 "창조주여 당신께서 당신의 창조를 통하여 나에게 기쁨을 주셨사오니 감사합니다"라고 하였고 '뉴톤'은 말하기를 "하늘을 바라볼 때에 무릎을 꿇어 하나님께 경배하나이다"라고 하였다. 우주는 넓고 경이(驚異)롭다. 지구에서 태양의 거리가 급행열차로 350년이 걸린다고 한다. 이와같은 우주를 하나님이 만드신 것이다.

우리가 사는 우주(地球)를 혹자는 자연 발생설을 주장한다. 또 혹자는 진화론(進化論)을 주장한다. 진화론은 17세기에서 이미 장사 지냈다. 왜냐하면 진화한다는 것은 허구(虛構)인 것이기 때문이다. 예를 들어서 말(馬)과 나귀가 교미해서 난 것이 노새이다. 노새는 그 때 뿐이고 다음 대(代)에 가서는 새끼를 낳지 못한다. 또한 사람과 짐승이 관계를 하면 절대로 아이를 출생할 수 없다.

왜냐하면 타 염색체(他染色體)와는 상관이 안 되기 때문이다(종의 변화는 없다는 것: 種의變化). 다시 말하면, 하나님이 창조할 때에 각기 종류대로 창조하셨기 때문이다. 창1:25 "하나님이 땅의 짐승을 그 종류대로, 육축을 그 종류대로 만드시니"라고 하였다. 또한 짐승에게는 영혼이 없으나 사람에게는 영혼이 있다. 뿐만 아니라 짐승에게는 양심이 없으나 사람에게는 양심이 있어서 의리(義理)를 알며 지킨다.

※진화론의 허구성(進化論의 虛構性)

우리는 진화론을 반대 한다. 진화론은 '생물의 종류의 질이 수 백 억년 동안 세월이 흐름에 따라 변천되어 아주 딴 종류가 된다' 고 주장한다. 그래서 사람도 '본래는 사람이 아니었고 원숭이 종류가 변천하여 사람이 되었다' 고 말한다. 그렇다면 원숭이가 지금도 변천하고 있는가?

원숭이와 사람은 근본적으로 다르다. 원숭이는 영혼이 없으되 사람은 영혼이 있다(하나님의 형상이 있음 창1:27).

진화론자에게 한 가지 묻겠다. 원숭이가 진화되어 사람이 되었다고 하면 원숭이는 어디서 생겨났는가?

창1:1에 "태초에 하나님이 천지를 창조 하시니라"

이는 일대 신앙 고백이요, 일대 선언이요, 일대 하나님을 찬송함이다.

"아~위대하신 하나님이시여!.....

전능하신 하나님 아버지시여!.... 감사합니다"

찬송가 40장

1. 주하나 님 지으신 모든 세계 내마음 속에 그리어볼 때
   하늘의 별 울려퍼지는 뇌성 주님의 권능 우주에 찾네
2. 숲속이나 험한산 골짝에서 지저귀는 저 새소리들과
   고요하게 흐르는 시냇물은 주님의 솜씨 노래하도다

후렴 주님의 높고 위대하심을 내영혼이 찬양하네
　　　　주님의 높고 위대하심을 내영혼이 찬양하네

(3) 아버지 하나님(聖父) (신6:4~9, 요20:17)

"하나님 아버지를 내가 믿사오며"

하나님은 믿는 자의 아버지시다. 우리는 양자(養子)의 영을 받은 하나님의 아들이요, 하나님은 우리의 아버지이시다. 롬8:14 "……양자의 영을 받았음으로 아바 아버지라 부르짖느니라"고 하였다.

아들은 아버지의 유업을 상속(遺業相續)한다(벧전1:4, 시16:6). 또한 아들은 아버지의 사랑을 받을 대상이다. 그러므로 하나님의 외아들인 독생자(獨生子)를 주시기까지 우리를 사랑하신다(요일5:19, 요3:16).

"자녀이면 또한 후사 곧, 하나님의 후사요 그리스도와 함께한 후사니 우리가 그와 함께 영광을 받기 위하여 고난도 함께 받아야 될 것이니라"(롬8:17)

예수 그리스도를 믿음(聖子)

"그 외아들 우리 주 예수 그리스도를 믿사오니 이는 성령으로 잉태하사 동정녀 마리아에게 나시고 본디오 빌라도에게 고난을 받으사 십자가에 못 박혀 죽으시고 장사 한지 사흘 만에 죽은 자 가운데서 다시 살아나시며 하늘에 오르사 전능하신 하나님 우편에 앉아 계시다가 저리로서 산자와 죽은 자를 심판하러 오시리라"

(1) 그 외아들 (독생자: 獨生子)

"그 외아들 우리주 예수 그리스도를 믿사오니"

(A) 창조주(創造主) 요1:1~3

"독생자 예수그리스도는 로고스(말씀)로서 만물의 창조자이심"(요 1:1-3)

(B) 구속 주(救贖主) 마1:21, 사47:4

"우리가 그리스도 안에서 그의 풍성함을 따라 그의 피로 말미암아 구속 곧 죄 사함을 받았으니"(엡1:7)

(C) 본체(本體) 빌2:6-8

"그는 근본 하나님의 본체시나…..자기를 비어 사람들과 같이 되었고 사람의 모양으로 나타나셨으매…..십자가에 죽으심이라"

(D) 사람이 되심(성육신:成肉身) 요1:14

'예수님이 사람이 되셨다' 하심은 '하나님이 사람으로 변했다' 는 말이 아니고 '하나님이 사람의 몸을 입으셨다' 함이다. 고로 예수님은 양성(兩性)곧 인성(人性)과 신성(神性)을 가진 분이시다. 그래서 예수님은 참 하나님이시고 참 사람이시다.

(2) 우리 주(主) (눅4:8, 계17:14, 19:16)

"우리 주 예수 그리스도를 믿사오며"

구약에서 여호와 하나님을 '주(主)' 라고 불렀다. 예수를 '주(主)' 라고 함은 '하나님' 이란 뜻이다. 그러므로 '주(主)' 라 함은 우주를 주관하시고 통치하심이다. 또한 주는 우리의 '주장자' 요 교회의 '머리' 이시다. 우리는 주님의 '소유' 라는 뜻도 있다.

(3) 예수 그리스도 (빌2:5-11)

"예수그리스도를 믿사오니"

(A) 예수님이 사람이 되어 오심 (成肉身)

성육신(成肉身)은 내 백성을 구원하기 위하여 인성을 입으심을 말한다(마1:21, 요1:14). 예수님의 동정녀탄생은 성육신의 과정이다. 요19:28에 요한이 기록한 것 "내가 목마르다"는 예수께서 사람이심을 강조하기 위함이다.

(B) 그리스도 (마16:17)

'그리스도'란 '기름 부음을 받았다'는 뜻이다. 구약 히브리어는 '메시야'이다. '그리스도'(메시야)는 중보 사역을 위해서 3직을 가지셨다.

곧 선지직(先知職), 제사직(祭司職), 왕직(王職)이다.

- 그리스도의 선지직(先知職 신18:15)은 우리에게 아버지 하나님의 뜻을 계시하여 전달함이다. 곧 말씀으로, 이적으로 하심이다. 요14:19에 "너희에 듣는 말은 내 말이 아니요, 나를 보내신 아버지의 말씀이라"고 하였다.

- 그리스도의 제사직(祭司職 히7:11~28)은 죄인이 하나님께 나아갈 수 없으므로 백성을 대신하여 제물이 되어 멜기세덱의 반차를 쫓아 영원한 대제사장이 되신 것이다(히7:11-28).

- 그리스도의 왕직(王職 요18:37)은 죄와 사망의 권세를 이기셨으므로(롬5:14, 고전15:55-57) 그리스도는 영원한 왕으로서(눅1:33) 교회를 통치하시며(교회의 머리) 우주를 통치하신다(엡1:20-22).

(4) 성령으로 잉태하사 동정녀 마리아에게 나심(童貞女誕生) (마1:18)

"이는 성령으로 잉태하사 동정녀 마리아에게 나시고"

예수님의 동정녀 탄생은 예언 성취이다(사7:14 "……처녀가 잉태하여 아들을 낳을 것이요 그 이름을 임마누엘이라 하리라").

(A) 성령으로 잉태함

하나님의 직접적인 역사(간섭)를 통해서 육신을 입으신 것이다.

(B) 동정녀 마리아에게 나심

예수께서 동정녀 마리아에게 나심은 기독교의 중요한 교리중 하나이다. 예수의 탄생은 죄인인 내 백성을 구원하러 오셨으므로 죄 있는 자는 구주가 될 수 없으므로 죄 없이 나게 하시려고 곧 아담의 원죄에 오염(汚染)을 받지 않으시려고 동정녀의 몸에서 성령으로 잉태케 하신 것이다. 그러므로 예수님은 여인의 후손이다(창3:15).

사람이지만 죄가 없으시다(히4:14-15 "……죄는 없으시니라"). 그러므로, 예수님은 참사람이요 참 하나님이시다. 곧, 양성(神性과 人性)을 입으시므로 우리의 중보자가 되셨고 구주가 되신 것이다. 이 교리는 오묘하여 우리 인간 이성으로서는 이해할 수가 없다. 다만 믿을 것 뿐이다. 믿는 것이 은혜요, 축복이다.

⊙ 동정녀 마리아에 대한 로마 천주교의 잘못된 교리

로마 천주교에서는 '마리아'를 일평생 죄를 범치 아니하였고 또한 하나님의 어머니 '마리아'라고 하며 평생 동정녀로 있었다고 한다.

1) 일평생 죄를 범치 아니하였다고 하는 마리아에 대하여

카토릭교회 교과서 제1편 495항 "동방전승의 교부들은 하나님의 어머니를 지극히 거룩하여"라고 한다. "....또 성령으로 빚어 아무런 죄에 물들지 않으셨고 새로운 피조물과 같이 형성되었다"(교회헌장 56항). ".... '마리아'는 하나님의 은총으로 일생동안 어떠한 죄도 범치 않았다"고 한다.

반증(反證)

인류의 시조 '아담'의 불순종(선악과를 먹음으로 범죄 함)으로 아담의 자손은 다 죄 아래 있다. 롬3:9-18 ".... 유대인이나 헬라인이나 다 죄 아래 있다고 이미 선언 하였느니라....의인은 없나니 하나도 없으며...." '아담'이 범한 원죄로 말미암아 모든 인간은 같은 원죄가 있으며 또 자범죄(自犯罪)가 있어서 모든 인간은 다 죄가 있는 것이다. 사람으로 죄가 없는 자는 성육신(成肉身)하신 예수님 뿐이시다. 예수님은 죄가 없이 나게 하시려고 인간의 부정모혈로 나지 않으시고 동정녀 마리아에게 성령으로 잉태하여 나신 것이다(히4:15).

2) 하나님의 어머니 '마리아'

천주교에서는 '마리아'는 성자되시는 예수님을 출생하였으므로 '하나님의 어머니'라고 주장한다.

카토릭교 교리서 1편 495항 "....교회는 '마리아'를 참으로 하나님의 어머니"라고 고백한다. (DS. 251참조)

509항 "마리아는 인간이 되신 하나님의 영원한 아들, 바로 하나님이신 그 아들의 어머니기 때문에 하나님의 어머니다"라고 한다.

반증(反證)

하나님의 아들 예수 그리스도는 성령으로 잉태되어 '마리아'의 몸을 통하여 성육신(成肉身)으로 오신 것이다. 그렇다고 '마리아'를 하나님의 어머니라고 하는 것은 '마리아'를 신격화(神格化)하여 숭배하는 것으로 성경 어디에도 그런 흔적이 한군데도 없다.

마리아는 예수님을 맏아들로 낳았고 그저 평범한 여인이다. 곧, 성정(性情)이 있는 사람이다. 요2:1-4에 가나안 잔치집에 가서 포도주가 없을 때에 "마리아가 예수에게 이르되 저희에게 포도주가 없다 하니 예수께서 가라사대 여자여 나와 무슨 상관이 있나이까 내 때가 아직 이르지 아니 하였나이다"(요2:4) 라고 하였다. 마리아를 그저 평범한 한 여인으로 여긴 것이다.

요19:25-27에 .... 예수께서 십자가 위에서 어머니 마리아를 제자 요한에게 봉양할 것을 부탁하였다. "예수께서....모친께 말씀하시되 여자여 보소서 아들이니이다 하시고 또 그 제자에게 이르시되 보라 네 어머니라 하신데"라고 하였다. 예수께서 아들로서 도리를 다 한 것 뿐이다.

예수께서 승천하시기 직전에 제자들에게 분부하신 말씀 곧 "... 예루살렘을 떠나지말고 내게 들은바 아버지의 약속하신 것을 기다리라"(행1:4)고 하신 말씀을 따라 모든 제자들과 예수님의 아우들과 모든 여인들과 함께 120명이 '마가요한'의 다락에서 기도하였다. '마리아'도 그 중 한 신자로서 함께 기도하였던 것이다(행1:13-15). 아기 예수님이 탄생하실 때에 동방박사들이 동방에서 별을 보고 유대 베들레헴에 와서 마굿간에 탄생하신 예수께 경배하였다. "집에 들어가 아기와 그 모친 마리아의 함께 있는 것을 보고 엎드려 아기께 경배하고......"(마1:11)라고 하였다. 마리아에게는 경배하지 않았다.

3) 일평생 동정녀 마리아

카토릭교회 교리서 제1편 499항 "....교회는 마리아가 인간이 된 하나님의 아들을 낳은 그 순간에는 실제로 그리고 평생 동정녀였다고 고백한다(DS.427참조). 교회 전례는 마리아를 평생 동정녀로 찬미한다"(교회헌장 52항 참조).

반증(反證)

천주교에서는 마12:46, 13:55-56의 마리아와 요셉사이에 성적결합(性的結合)으로 태어난 야고보, 요셉, 시몬, 유다, 그리고 여동생들을 가리켜 마리아는 동명 이인(同名異人)이며 형제자매들은 예수님의 친동생이 아니라고 주장한다(사촌 동생이라고 함.)

로마 천주교에서는 마리아를 일평생 동정녀로 숭배하기 위하여 동정녀라는 단어의 첫 철자 'v'를 대문자 'V'로 표기하기 위하여 'Virgin Mary'라고 하였다. 문법상 문자는 고유명사로 처녀를 강조한다.

그러나 동정녀(Virgin) 라는 단어에 첫 철자를 대문자 'V'로 표기하는 것은 마리아가 예수님을 잉태하여 낳을 때 까지 동정녀였음을 강조 하는 것이요, 결단코 천주교의 주장대로 마리아가 영원한 동정녀는 아니다. 마1:25에 "아들을 낳기까지 동침치 아니하더니...." 개혁교회는 예수를 낳기까지는 요셉과 마리아가 동침하지 않았고 예수를 낳은 후에는 동침하여 동생들을 출생 했다고 주장한다. 마12:46-50, 13:55-56절을 보면 문맥상으로 볼때에 예수님의 친형제라는 것을 볼 수 있다. 그러므로 마리아를 영원한 동정녀로 해석할 수 없다.

(5) 본디오 빌라도에게 고난을 받으심(마27:21-26)

"본디오 빌라도에게 고난을 받으사"

빌라도는 로마의 제 5대 총독으로서 유다나라를 통치하였다. 그는 본 성품이 잔인하고 포학하여 갈릴리 사람들이 제사 할 때에 법적 재판 없이 현장에서 살해한 사람이다(눅13:1).

그러나 그는 "그리스도가 죄가 없다"고 한 사람이다(요18:38, 19:6). 죄가 없으니 놓으려 하였으나 유대인들이(바리새인, 제사장, 서기관, 유대백성들) 죽이기를 아우성치므로(요19:15) 백성들이 두려워 빌라도가 십자가에 못 박도록 내어주었다. 예수님은 '빌라도'에게 고난을 받으신 것이다. '빌라도'는 무서운 하나님의 심판을 받을 것이다. 죄가 없다고 하면서 죽음에 내어 주었으니 '빌라도'는 예수를 죽인 장본인이다. 그러나 이것은 하나님의 예정대로 된 것이다(행2:25-36).

※예수께서 받으신 고난은 '십자가의 죽음'의 고난만이 아니고 그의 '전 생애가 우리를 위한 고난'이다.

(6) 십자가에 못 박혀 죽음 (요19:18,33)

"십자가에 못 박혀 죽으시고"

예수의 십자가에 대속의 죽음은 예언 성취다(사53:1-6)

십자가의 죽음은 '저주의 죽음'이요, '수치의 죽음'이다. 예수님은 우리를 위해서 고통을 당하셨고, 저주와 수치와 치욕을 당하신 것이다.

십자가형은 로마식으로서 극형이다. 가장 추악한 죄인을 처

형하는 형이다. 죄 없으신 예수께서 내 죄를 대신하여 죽으신 죽음이었다. 나 같은 죄인을 구원해주셨으니 어찌 잊으랴 ....

찬송가 405장

1. 나 같은 죄인 살리신 주 은혜 놀라와
   잃었던 생명 찾았고 광명을 얻었네
2. 큰 죄악에서 건지신 주 은혜 고마워
   나 처음 믿은 그 시간 귀하고 귀하다
3. 이제껏 내가 산 것도 주님의 은혜라
   또 나를 장차 본향에 인도해 주시리
4. 거기서 우리 영원히 주님의 은혜로
   해처럼 밝게 살면서 주 찬양하리라
   아 멘. 주여! 감사합니다.

[설교]

본문: 요19:17-30

제목: "십자가상의 일곱 가지 예수님의 말씀" (架上의七大金言)

> "저희가 예수를 맡으매 예수께서 자기의 십자가를 지시고 해골(히브리말로 골고다)이라 하는 곳에 나오시니 저희가 거기서 예수를 십자가에 못 박을세 다른 두 사람도 그와 함께 좌우편에 못 박으니 예수는 가운데 있더라 빌라도가 패를 써서 십자가 위에 붙이니 나사렛 예수 유대인의 왕이라 기록되었더라 예수의 못 박히신 곳이 성에서 가까운 고로 많은 유대인이 이 패를 읽는데 히브리와 로마와 헬라어로

기록되었더라 유대인의 대제사장들이 빌라도에게 이르되 유대인의 왕이라 말고 자칭 유대인의 왕이라 쓰라 하니 빌라도가 대답하되 나의 쓸 것을 썼다 하니라 군병들이 예수를 십자가에 못 박고 그의 옷을 취하여 네 깃에 나눠 각각 한 깃씩 얻고 속옷도 취하니 이 속옷은 호지 아니하고 위에서부터 통으로 짠 것이라 군병들이 서로 말하되 이것을 찢지 말고 누가 얻나 제비 뽑자 하니 이는 성경에 저희가 내 옷을 나누고 내 옷을 제비 뽑나이다 한 것을 응하게 하려 함이러라 군병들은 이런 일을 하고 예수의 십자가 곁에는 그 모친과 이모와 글로바의 아내 마리아와 막달라 마리아가 섰는지라 예수께서 그 모친과 사랑하시는 제자가 곁에 서 있는 것을 보시고 그 모친께 말씀하시되 여자여 보소서 아들이니이다 하시고 또 그 제자에게 이르시되 보라 네 어머니라 하신대 그 때부터 그 제자가 자기 집에 모시니라 이후에 예수께서 모든 일이 이미 이룬 줄 아시고 성경으로 응하게 하려 하사 가라사대 내가 목마르다 하시니 거기 신 포도주가 가득히 담긴 그릇이 있는지라 사람들이 신 포도주를 머금은 해융을 우슬초에 매어 예수의 입에 대니 예수께서 신 포도주를 받으신 후 가라사대 다 이루었다 하시고 머리를 숙이시고 영혼이 돌아가시니라"

-서론-

예수께서는 무법한 자들의 손에 잡히셔서 '빌라도'의 불법의 판결로 죄 없으신 주님이 죄 있는 자로 여겨져서, 십자가 형틀에서 손과 발에 못 박혀 죽으셨다. 손과 발의 못자국에서는 붉은 피가 흘러 내렸고, 저들이 씌운 가시 면류관에 찔린 예수의 머리에서는 이마와 얼굴이 피로 물들었으며, 로마 군병들의 창에 찔린 옆구리에서는 피와 물을 쏟으셨다. 그러나, 예수님은 죽는 그 순간까지도 정신이 온전하셨다. 우리 주님께서는 십자가상에서 금과 같은 일곱 가지 말씀을 하시고 운명하셨다.

예수께서 죽으시는 순간에 하신 말씀은 참으로 의미심장하다. 목수의 아들인 나사렛 사람 예수의 죽음은 하나님의 뜻을 이루신 거룩한 죽음이다. 주님은 만민의 죄를 위하여 제물이 되시고 대속의 죽음을 가지신 것이다. 예수의 흘리신 피는 생수 같은 피요, 생명을 주는 피인 것이다(히 9:22 "피 흘림이 없은즉 사함이 없느니라"). 우리 주님께서는 죄인을 위해서 저주의 죽음을 당하신 것이다. 그가 죽음으로 우리는 생명을 얻었다. 그런고로 우리 주님의 죽으심은 기독교의 자랑이요, 기쁨이요, 생명이며 이것이 곧 복음이다. 사 53:5에 "그가 찔림은 우리의 허물을 인함이요 그가 상함은 우리의 죄악을 인함이라 그가 징계를 받음으로 우리가 평화를 누리고 그가 채찍에 맞음으로 우리가 나음을 입었도다" 라고 하였다.

우리 주님께서는 십자가에 못 박혀 고통 당하는 중에서도 마지막까지 금언(金言)을 남겨 주셨으니 곧, 용(容), 낙(樂), 모(母), 기(棄), 갈(渴), 성(成), 탁(託)의 일곱 가지 말씀이다(七言).

【1】 "용서 하소서" (容恕) (눅 23:34)

"아버지여 저희를 사하여 주옵소서 자기의 하는 것을 알지 못하나이다"

이 말씀은 십자가상에서 첫 번째로 하신 말씀이다. 예수를 핍박하며 반대하는 무리(유대인, 종교 지도자인 제사장, 서기관, 장로 그리고 로마 군인들)를 위한 기도이다.

고통 중에도 우리 주님은 그의 사랑을 나타내 주셨다. 나를 죽이는 원수일지라도 끝까지 사랑을 나타내 주신 것이다. "그들의 죄를 사해 주옵소서" 하는 기도가 기독교가 아니면 또 어디 있겠는가? 모든 믿는 자들은 우리 주님의 이 사랑을 받고 있다.

우리들은 예수의 이 큰 사랑을 받았으니 이 사랑을 배우고 또 나눠 주며 살아야 한다. "그 때에 베드로가 나아와 가로되 주여 형제가 내게 죄를 범하면 몇 번이나 용서하여 주리이까? 일곱 번까지 하오리이까? 예수께서 가라사대 네게 이르노니 일곱 번 뿐 아니라 일흔번씩 일곱번이라도 할찌니라"고 하셨다(마 18: 21-22).

주기도문에서도 마 6:12에 "우리가 우리에게 죄 지은 자를 사하여 준 것같이 우리 죄를 사하여 주옵시고"라고 하였다. 또 마 6:15에 말씀하시기를 "너희가 사람의 과실을 용서하지 아니하면 너희 아버지께서도 너희 과실을 용서하지 아니하시리라"고 하였다. 형제의 죄를 진정으로 용서했다면 과거의 마음으로 돌아가야 하며, 마음에 화평을 이뤄야 한다. 그 때에 하나님과 화평을 이루게 되고 교제가 이어지게 된다. 형제와의 영적교제가 끊어지는 것은 진정한 형제에 대한 용서가 없기 때문이다.

【2】 "오늘 네가 나와 함께 낙원에 있으리라" (樂園) (눅 23:43)

이와 같은 예수님의 말씀은 함께 못 박힌 강도 중 한 강도에게 허락하신 말씀이다. 이 강도는 예수를 의인으로 증거하였고 낙원에 예수와 함께 가기를 희망하였다. 이에 예수님은 곧 허락하셨다. "오늘 네가 나와 함께 낙원에 있으리라"

여기서 우리는 몇 가지 진리를 배운다.

1) 강도는 하나님을 두려워하였다(40)
하나님을 두려워했기 때문에 회개하고 믿었다.
오늘날의 세대는 하나님을 두려워함이 없다. 신자들도 그러하다. 참으로 하나님을 두려워하는 자들은 하나님을 순종하며 하나님 앞에서 쉽게 죄를 범할 수 없다. 우리들은 하나님을 두려워하면서 믿음의 길을 걸어가야 한다.

2) 강도는 자기가 받는 벌이 마땅한 줄 알았다(41)
그는 이론이 아니고 실제였다. 이것이 진정한 회개이다. "우리는 우리의 행한 일에 상당한 보응을 받는 것이니라....."고 고백하였다. 우리가 이 세상에서 하나님께 죄를 범하였을 때에 징계 받는 것은 당연한 줄 알아야 한다.

3) 예수를 의인으로 알았다(41)
"이 사람이 행한 것은 옳지 않은 것이 없느니라" 의인을 의인으로 보는 것은 귀하다. 죄 가운데 사는 자가 그의 사상을 고치고 생각을 바꾸어 놓은 그 때에 의인을 의인으로 보게 된다. 그리고 이 강도는 예수를 의인으로 증거하였으니 참으로 귀한 것이다.

4) 재림을 고대한 신앙이다(42)

"예수여, 당신의 나라에 임하실 때에 나를 생각하소서"

이 한 강도는 주님이 재림하실 것을 고대한 신앙을 가졌으니, 이것이야말로 신앙의 중요한 부분이다. 재림에 대한 말씀이 성경에 무려 1,518번이나 기록되었고, 그 중 신약에만 300번이나 기록되어 있다. 주님의 재림사상이야말로 죄악 세상에 사는 신자들에게 있어서 유일의 소망이며 기쁨이다. 바울은 살전 2:19-20절에 "우리의 소망이나 기쁨이나 자랑의 면류관이 무엇이냐 그의 강림하실 때 우리 주 예수 앞에 너희가 아니냐 너희는 우리의 영광이요 기쁨이니라"고 하였고 살전 4:17-18절에는 "그 후에 우리 살아남은 자도 저희와 함께 구름 속으로 끌어 올려 공중에서 주를 영접하게 하시리니 그리하여 우리가 항상 주와 함께 있으리라 그러므로 이 여러 말로 서로 위로하라"고 하였다. 재림의 진리는 타종교에는 없다.

5) 내세인 천국을 믿었다(42-43)

"당신의 나라에 임하실 때에 나를 생각 하소서" 하니, 예수께서 이르시되 "내가 진실로 네게 이르노니 오늘 네가 나와 함께 낙원에 있으리라"고 하셨다. 그는 내세의 천국을 믿었다. 천국은 예수의 피로 구속받은 자만이 가는 곳으로, 죄인은 결코 들어가지 못한다.

"그러나 두려워하는 자들과 믿지 아니하는 자들과 흉악한 자들과 살인자들과 행음 자들과 술객들과 우상 숭배자들과 모든 거짓말 하는 자들은 불과 유황으로 타는 못에 참예하리니 이것이 둘째 사망이라"(계 21:8)

'낙원'은 곧 '천국'이다(계 2:7, 고후 12:4). '낙원'이 있고 '천국'이 따로 있는 것이 아니다. '천국'이 '낙원'이요, 혹은 '천당'이기도 하고 '하늘의 도성'이라고도 한다(히 13:14). 세상사는 재미가 너무 좋으면 천국의 소망이 희미해 지므로 우리들은 삼가 조심해야 한다.

6) 영혼 불멸의 신앙이다

"예수여, 당신의 나라에 임하실 때에 나를 생각하소서"라고 한 것은 육신이 죽은 후에 그 영혼의 존재가 계속될 것을 믿는 신앙이다. 43절에 예수께서 가라사대 "오늘 네가 나와 함께 낙원에 있으리라"고 하셨다. 우리는 영혼 불멸을 믿는 고로 사망에 대한 두려움이 없다. 전 3:20-21에 "다 흙으로 말미암았으므로 다 흙으로 돌아가나니 다 한 곳으로 가거니와 인생의 혼은 위로 올라가고 짐승의 혼은 아래 곧 땅으로 내려가는 줄을 누가 알랴"고 하였다.

【3】"요한에게 어머니를 부탁함"(母) (요 19:26-27)

예수님의 육신의 아버지 요셉은 일찍 세상을 떠난 것 같다. 요셉에 대한 언급이 성경에 별로 없는 것과 본문에서도 예수께서 죽으시면서 어머니 마리아를 걱정함으로 요한에게 어머니의 봉양을 부탁한 것을 보아서도 그렇다. 이것은 예수의 효성을 보여 준다.

예수님은 천륜(天倫)만 아니고 인륜(人倫)에 있어서도 본분을 다하신 분이시다. 하나님을 순종하시면서도 인륜을 잊지 않으셨으며, 모친에게 대한 책임을 다하신 것이다(출 20:12). 그가 모친에게 하시던 부양책임을 제자 요한에게 맡기신 것은 요한이 신앙이 있었기 때문이다.

예수께서 육의 모친 부양을 제자 요한에게 맡겨 육의 도리를 다하신 것은 그것을 통해 영적 사명을 다하기 위한 것이다. 그것은 자연에 속한 것이 모두 다 영에 속한 것을 위하여 수종 들어야 할 것을 가리키는 중대한 교훈이다.

제자가 많으나, 요한에게 모친을 부탁하신 것은 육적 부양보다 영적 평안을 위한 까닭이다. 성도는 이와 같이 육적 평안보다 영적 평안을 위하여 처신하여야 한다.

기독교는 부모에게 대한 자식들의 효도를 역설하여 가르친다. "내 아들아 네 아비의 명령을 지키며 네 어미의 법을 떠나지 말고 그것을 항상 네 마음에 새기며 네 목에 매라(잠 6:20-21)"고 하였고, 잠 10:1절에 "지혜로운 아들은 아비로 기쁘게 하거니와 미련한 아들은 어미의 근심이니라", "자녀들아 너희 부모를 주 안에서 순종하라 이것이 옳으니라 네 아버지와 어머니를 공경하라 이것이 약속 있는 첫 계명이니 이는 네가 잘 되고 땅에서 장수하리라 (엡 6:1)"고 하였다.

※ 기독교의 효행 (孝行)

1) 기독교의 효행은 신본주의의 것이어야 한다

예수님께서는 십자가상에서 죽음의 직전에도 효성을 다하셨다. 예수의 십자가의 죽음은 천국 운동의 최절정이다. 예수께서는 구속 사업을 하심에 있어서 가족들에게 영향(제제)을 받지 않으셨다(마 12:46-50).

가나안 잔칫집에서 물로 포도주 만드는 이적을 행하심에 있어서 마리아가 예수께 "포도주가 없다" 하시니, 예수께서 가라사대 "여자여 나와 무슨 상관이 있나이까 내 때가 아직 이르지 못하였나이다(요 2:4)"라고 하였다. 이것은 예수의 효도가 신본주의적임을 보여 준다. 유교의 효도는 인본주의 이므로 부모가 최고이며 우상이다.

2) 혈통(血統)보다 영통(靈統)이 귀하다

영혼은 불멸의 것이므로 영원한 관계의 것이며, 따라서 천국까지 이어진다. 그러나 육통은 잠시 있을 뿐 구원에는 무관하다. 우리는 영통을 귀히 여겨 하나님을 중심하며 하나님을 사랑하므로 더욱 신령한 은혜를 받게 된다. 혈통인 가족을 더욱 애착하여 사랑하면 천국이 멀어지게 된다.

3) 영통을 따라 사람을 사랑하면 참된 가족이 많아지게 된다

마 19:29절에 "또 내 이름을 위하여 집이나 형제나 자매나 부모나 자식이나 전토를 버린 자마다 여러 배를 받고 또 영생을 상속하리라"고 하였다. 참된 가족은 영통에서 얻어지나니 육통의 가족은 도리어 원수가 될 수 있다. 마 10:36절에 "사람의 원수가 자기 집안 식구리라"고 하였다.

【4】 "나의 하나님, 나의 하나님. 어찌하여 나를 버리셨나이까" (棄) (마 27:46)

"엘리 엘리 라마 사박다니" 이는 곧 "나의 하나님 나의 하나님 어찌하여 나를 버리셨나이까" 하는 뜻이다. 이 소리는 고통 때문에 슬퍼서 부르짖는 소리나 원망하는 소리가 아니다. 다만 흠 없는 제물로 당신의 몸을 하나님께 바쳐 드림에 있어서 당신의 죽음으로 만백성이 살게 됨을 기뻐서 부르는 승리의 개선가이다.

예수님은 이 땅에 죽으시기 위해서 오셨다. 그러한데 죽음을 어찌 원망하며 불평하겠는가. 그는 죽음 직전에 당한 그의 고통 속에서도 그의 죽음으로 죄인이 구원받게 됨을 기뻐하셨던 것이다.

【5】 "내가 목마르다" (渴) (요 19:28)

십자가에서 피와 물을 다 쏟으신 주님은 목마름의 고통을 당

하셨다. 그가 목마름으로 그를 믿는 자마다 생수가 공급된 것이다(요 7:37). 우리 주님은 물과 피를 다 쏟았으므로 목이 마른 것이다. 얼마나 고통스러웠을까? 쓸개 탄 포도주를 주어 마시게 하였으나 마시지 않으셨다. 이는 당신의 백성을 위하여 십자가의 고통을 다 받기 위함이었다(마 27:34, 막 15:23).

찬송가 141장

1. 웬 말인가 날 위하여 주 돌아가셨나
   이 벌레 같은 날 위해 큰 해 받으셨나

2. 내 지은 죄 다 지시고 못 박히셨으니
   웬일인가 웬 은혠가 그 사랑 크셔라

3. 주 십자가 못 박힐 때 그 해도 빛 잃고
   그 밝은 빛 가리워서 캄캄케 되었네

4. 나 십자가 대할 때에 그 일이 고마워
   내 얼굴 감히 못 들고 눈물 흘리도다

5. 늘 울어도 눈물로서 못 갚을 줄 알아
   몸 밖에 드릴 것 없어 이 몸 바칩니다

【6】 "다 이루었다" (成) (요 19:30)

예수의 구속의 성업은 그가 죽음으로써 완수되신 것이다(행 13:29, 눅 18:31, 22:37, 딤후 4:7).

이 세상에서의 인생은, 죽음으로서 모든 것이 실패로 끝난다. 그러나 기독교는, 죽어도 이루어 놓는 진리가 여기에 있다. 계 14:13에 "…지금 이후로 주 안에서 죽는 자들은 복이 있도다 하시매 성령이 가라사대 그러하다 저희 수고를 그치고 쉬리니 이는 저희의 행한 일이 따름이라 하시더라"고 하셨다. 계 6:9-11에서는 주를 위해서 죽은 영혼들에게 위로하기를 "잠시 동안 쉬어라"고 하였다.

주를 믿는 자는 죽어도 살고, 살아서 믿는 자는 영원히 죽지 아니하는 진리가 여기에 있는 것이다.

【7】 "내 영혼을 아버지 손에 부탁 하나이다" (付託) (눅 23:46)

예수께서 "큰 소리"로 외쳤던 것이다. 여기 "큰 소리"는 무엇인가? 근심의 소리가 아니며, 걱정의 소리도 아니다. 물론 비정의 소리도 아니다. 참을 수 없는 감정의 소리도 아니다. 이 말씀을 하시고 곧 운명하시었다. 이것은 예수님께서 정신이 분명한 가운데서 필요한 소리를 발하신 것이다. 이 소리의 뜻은 두 가지의 뜻이 있다. 첫째, 예수님은 신성과 인성을 겸비하신 분이신 만큼 완전한 하나님이시며 또, 완전한 사람이시다. 이제 그의 영혼과 몸이 분리되는 순간에 몸의 사망에 대하여 선포하시는 큰 소리이다. 그가 죽음으로써 사죄가 성립되기 때문이다. 둘째, 예수의 죽으심은 하나님께 순종하심이다(히 5:8). 이와 같은 죽기까지의 순종이야말로 지옥과 천국을 사람들과 천사들 앞에서 선포하시는 소리이다. 곧 주님의 감심(甘心)으로 목숨을 사망에 내어 주신다는 것이다. 이것이 아들로서의 아버지께 부탁한 감심(甘心) 순종이다. 고로 "아버지께 부탁하나이다"라고 하였다.

∞

(7) 장사 지낸 바 되심(葬事) (롬 10:1~8)
"장사한지"

예수님은 죽은 자로서 장사 지낸바 되었다. 부자 아리마대 요셉의 무덤에 묻힌바 된 것이다. '예수의 장사'는 확실히 죽음을 입증한다. 죽지 않으면 사람이 아니며 또 부활도 없으므로, 죽지 않았는데 부활했다고 증거하면 거짓말이다.

예수님의 장사는 몇 가지 의미가 있다.
첫째는 예수님은 사람이었다는 것.
둘째는 죽으시고 부활하셨다는 것이다.
     죽음이 없으면 부활도 없다.
셋째는 성경 예언대로 되었다는 것이다(豫言成就: 행2:25-36)

⦿ 음부에 가심(陰府)
예수께서 죽으시고 음부에 가신 것이다. 어떤 신학자는 말하기를 지옥에 가셨다고 한다. 또 혹자는 말하기를 "지옥에 가셨으나 죄 값으로 고통 받은 것은 아니다"라고 말한 자도 있다. 로

마 교회에서, 루터파에서, 장로교 목사 중에서도 "지옥에 갔다" 라고 하는 이도 있다.

'음부'란 히브리 원문에는 '스올'로 되어 있다. 헬라어는 '하데스'이다. '스올' 혹은 '하데스'를 우리 번역으로는 '음부'라고 되어있다. 음부란 죽은 사람이 머무는 장소다. 결코 형벌을 받는 곳이 아니다. 다시 말해서 범죄자가 대가를 치르는 곳이 아니다. 혹은 죽음의 상태를 말한다. 창 42:38에서 말하는 '음부'는 죽음의 상태를 말한다. 이는 야곱이 두 번째로 애굽에 곡식을 사러 가려고 할 때에 애굽의 총리인 요셉이 베냐민을 데리고 오라고 하였으므로 "야곱의 아들들이 베냐민을 데리고 가야만 애굽에 가서 곡식을 살 수 있으니……"라고 할 때에 아버지 야곱은 말하기를 "내 아들은 너희와 함께 내려가지 못하리니…… 너희 행하는 길에서 재난이 그 몸에 미치면 너희가 나의 흰머리로 슬피 음부로 내려가게 함이 되리라"(창42:38)고 하였다. 여기서 '음부'는 그저 죽음을 의미한다.

벧전 3:19에 "저가 또한 영으로 옥에 있는 영들에게 전파하시니라" 여기 '옥'을 '지옥'이라고 하면 안 된다. '바빙크'는 말하기를 "그리스도께서 다시 사셔서 하늘에 올라가신 것은 '옥'에 있는 영들에게 하나의 선포사건(宣布事件)이다. 그리스도의 부활승천은 '옥'에 있는 영들에게 대한 부요, 능력, 승리의 선포다"라고 하였다.

(8) 부활하심(復活) (마 28:5-6, 행 2:29-36)

"사흘 만에 죽은 자 가운데서 다시 살아나시며"

기독교는 부활의 종교이다. 타종교는 교주의 죽음을 논할 뿐 부활이 없다.

그러나 기독교는 부활이 있다. 우리는 예수의 부활을 믿는다. 예수님의 부활은 그가 죽으심을 의미한다. 죽음이 없으면 부활도 없다. 예수의 죽으심과 부활의 진리를 복음(福音)이라고 한다(롬1:2-4). 그러므로, 죽으심과 부활은 떼 놓을 수 없는 진리이다.

바울은 고전 15:14에 말하기를 "그리스도께서 만일 다시 살지 못하셨으면 우리의 전파하는 것도 헛것이요 또 너희 믿음도 헛것이며"라고 하였다. 또한 "너희가 여전히 죄 가운데 있을 것이요 그리스도의 부활이 없으면 금생뿐이니 우리가 더욱 불쌍한 자니라"고 하였다(고전15:18-19).

부활의 진리는 생명이요, 산 소망이다. 그러므로 역사적으로 예수를 위해서 핍박을 받고 환란을 받다가 죽으면서(殉敎) 끝까지 믿음을 지킨 것은 부활의 진리 때문이다.

※그리스도의 부활은 죄와 마귀와 사망의 승리이다. 그리고 구속의 완성으로서 신자에게는 생명이다.

(A) 부활의 상태

신령한 몸으로 부활함(고전15:44, 51, 빌3:21, 눅24:31)

먹을 수도 있고 안 먹을 수도 있음(눅24:31~42)

보이기도 하고 보이지 않기도 함

(B) 신자에게 의(義)를 주심(롬4:25-26)

(C) 신자의 영을 살리심(重生) 벧전 1:3, 롬 4:25

(D) 부활의 첫 열매가 되심(고전15:20)

첫 열매가 되셨으니 다음은 신자의 부활이다.

모든 신자는 그리스도와 같이 부활한다(고전15:21-23)

(9) 승천하심(昇天) (행1:9)

"하늘에 오르사"

예수께서 부활하신 후 40일 만에 하늘로 올라가심(昇天)
(행1:6~11, 막16:19, 요20:17, 히4:14)

(A) 신자의 처소를 예비하러 가심(요14:2-3)

여기 "너희 처소를 예비하러 가노라"는 천국이 아니다. 천국은 창세전에 예비하셨다(마25:34). 그리스도께서 부활하고 승천하신 것은 영적인 세계를 예비하러 가신 것이다.

(B) 그리스도의 승천은 재림을 확신케 하심(행1:11, 마24:30, 계1:7)

"예수는 하늘로 가심을 본 그대로 오시리라 하셨으니" 그리스도의 승천은 역사적이며 주의 재림을 확신케 하고 있다. 그리고 보는데서 승천하신 것은 환상(幻像)이 아니며 역사적인 사건임을 확증함이다.

 (C) 성령을 보내려고 승천하심(保惠師)(요 15:26, 16:7-8)
 (D) 승천하심은 신령한 몸으로 부활하심을 확증함 (마 28:44)
육신의 몸은 승천할 수 없음.
 (E) 승천 후는 육의 세계를 넘어선 신령한 영의 세계에서 세세토록 삶을 가리킨다.

(10) 하나님 우편에 앉아계심(右便) (행 7:55)

"전능하신 하나님 우편에 앉아 계시다가"

 (A) 하나님 우편은 왕권을 말함(행7:55)
부활승천하신 그리스도는 왕권을 가지시고, 우주의 왕으로 다스리시며, 교회의 왕으로 다스리시며 곧, 신자(교회)를 위하여 기도하고 계심(롬8:34).
 (B) 그리스도의 승천은 신자의 승천의 계약임(휴거:携去)
  (살전4:15-18)
그리스도께서 재림하실 때에는 우리도 예수님과 똑같이 하늘로 올라간다. 신자가 사(死) 후에는 하늘에 거(居)하게 됨을 알게 함이다. 이와 같은 하늘의 세계는 신령한세계이니 믿을 것뿐이다. 설명으로서는 이해하지 못하는 오묘한 영적인 신령(神靈)한

세계이다. 바울은 이 신령한 세계를 하나님의 계시(啓示)를 보고 "말 할 수 없는 말을 들었으니 사람이 가히 이루지 못할 말이로다" (고후 12:6) 라고 하였다.

(C) 영광의 자리임(榮光) (행 7:55)
땅에 있는 어느 영광의 자리와도 감히 비교할 수 없다.

(11) 그리스도의 재림(再臨) (계 1:7)
"저리로서 산 자와 죽은 자를 심판하러 오시리라"

그리스도의 재림은 땅에서의 그리스도의 구속사업의 종결이다. 구약 성경에 초림예수는 456번 기록되어 있고 성경 전체에 재림예수는 1518번 예언하였다. 그리스도 초림예수의 사역 성격은 어린양(요 1:29)으로, 또한 비둘기(마 3:16)로 나타내셨다. 그러나 재림의 그리스도는 당당하고, 엄위하신 분으로써 백마(白馬)를 타신 개선장군(凱旋將軍 계 19:11)과 같이 그 입에서 나오는 말씀은 이한 검 과도 같은 날카롭고 예리한 분으로써 만국을 철장으로 질그릇을 깨뜨림과도 같이 다스리시며, 백마(白馬)를 타고 그를 따르는 자들이 있으니..... 만왕의 왕이요(萬王의王) 만주의 주(萬主의主)로 오시는 것이다(계 19:11-16, 16:15).

(A) 재림의 양상:상태

구름을 타고 천사장의 소리와 하나님의 나팔로 공중으로 원수들이 보는 앞에서 오신다(계 1:7, 살전 4:15-17).

(B) 재림의 시기

세상이 혼란해지고, 지진이 나고, 기근이 있고, 민족과 민족이 나라와 나라가 싸우고, 교회가 타락하여 사랑이 식어지고, 거짓 선지자가 일어나고, 거짓 그리스도들과 거짓 선지자들이 많이 일어나 큰 표적과 기사를 보이면서 택하신 자들을 미혹하고 불법이 성행함으로 사랑이 식어지고 또한 땅 끝까지 복음이 전파된 후에 오신다(마 24:3-14, 계 6:12-17).

(C) 도적같이 오심 (마 24:43-44, 살전 5:1-3)

그러므로 항상 깨어 있어야 한다.

(D) 재림의 목적 (요 14:1-3)

성도를 데리러 오신다(살전 4:17). 성도는 죽은 가운데서 부활하여 주와 함께 (휴거:携去) 한다. 그리고 살아남은 성도는 주와 같이 변화하여 휴거 한다.

(E) 심판하러 오심

살아 있는 자를 심판하신다. 지금까지 복음을 믿지 않은 모든 사람을 심판 하신다.

믿지 않은 자는 악한 자요, 마귀의 종이요, 불택자이다. 그러므로 하나님의 심판을 피하려고 할지라도 피하지 못할 것이다 (암 9:2-4, 계 6:15-17).

죽은 자를 심판함: 악인(믿지 않는 자)도 부활하여 심판을 받는다(요 5:29, 행 24:15). 악인은 행위대로심판을 받게 될 것이다(마 25:46, 요 3:18, 고후 5:10).

(F) 재림에 대한 성도의 준비

깨어 있어야 하며, 세상에 속하지 말고(눅 21:34-38, 살전 5:6-11) 기름 준비를 해야 한다(마 25:3-4). 기름 준비는 자기 영이 자라나고 성령의 은혜에 충만하여 영으로 사는 것이다.

주님의 재림은 산자와 죽은 자를 심판하러 오시는 것이므로 성도는 두렵고 떨림으로 살아야하며 항상 깨어 있어야 한다.

제3장

성령을 믿음(聖靈)

고후 13:5-13

"성령을 믿사오며"
성령은 삼위일체(三位一體)의 제 삼위(三位)로써 성부(聖父)와 성자(聖子)와 성령(聖靈)은 동등하심 곧 성령 하나님이시다 성령의 인격은 성부에게도 성자에게도 속하지 않는다.

(1) 성령의 사역

- 중생(重生)케 하심 (엡 3:3-7)
- 우리를 믿게 하심 (고전 12:3)
  그리고 구원에 이르게 하심 (빌 1:19)
- 죄를 깨닫게 하며 회개하는 마음을 주심(행 2:37~38, 딛 3:5-7)
- 신앙의 아름다운 열매를 맺게 하심 (갈 5:22-25)
- 모든 것 곧 하나님의 깊은 것이라도 통달하심 (고전 2:10)
- 우리를 위하여 근심하심 (엡 4:30)
- 우리를 인도하시되 가게 하시고 또 가지 못하게도 하심
  (행 16:7)

- 성도가 핍박을 받아 위기에 처했을 때에 우리 속에서 무슨 말 할 것을 말씀해 주심(마 10:20)
- 성령은 여러 가지 은사를 주심(방언, 예언, 통역, 계시, 병 고치는 은사, 교사, 선지자, 사도를 세우심). 각인에게 나누어 주심(고전 12:28, 14:3-6)
- 성령이 이사야에게 임하여 이스라엘의 조상들에게 말씀하심 (행 28:25)
- 때로는 성령이 불과같이 심령을 뜨겁게 하시며 큰 역사를 일으키심(눅 24:32)

(2) 보혜사(保惠師) 성령의 사역 (요14:16-26)

보혜사는 예수님이 승천하시고 그가 아버지께 구하여(요 14:16) 보내신 보혜사 성령이시다. 오순절에 단회적(單回的)으로 오신 것이다.

구약시대는 이스라엘 특정인에게만 주셨으나 (이방인은 제외) 보혜사 성령은 만민에게 차별 없이 주신 것이다.

보혜사는 대언자로서 우리를 위하여 도고(禱告)하며(롬 8:26) 위로하시며 힘과 평강과 기쁨과 능력을 가지고 이 세상을 통과할 수 있도록 역사 하신다.

※삼위 하나님의 하시는 일

① 성부 하나님은 우주 창조와 말씀을 주심(고전 8:6, 히

12:9, 골 1:16-17)

② 성자 하나님은 성육신(成肉身)으로 오셔서 구주로 죄인을 구속(救贖)하는 일을 하심(요 1:14, 18, 3:16, 엡 1:3-14)

③ 성령 하나님은 중생(重生)과 성화(聖化)를 이루시며 특별히 보혜사로서 죄를 깨닫게 하며 회개하게 하며 하나님의 뜻을 알게 하시고 순종케 하는 일을 하심(시 51:17, 눅 1:35, 요 3:5, 갈 5:22-26, 롬 8:26-27)

※ 삼위 하나님(성부,성자,성령)은 어느 시대나 역사 하신다. 구약은 주로 성부께서 역사하셨으므로 성부 시대라 하고, 신약시대에는 성자께서 역사하셨으므로 '성자시대' 라 한다. 오순절 이후 교회시대(사도시대)는 성령께서 사역하셨으므로 '성령시대' 라고 한다. (그러므로 사도행전을 聖靈行傳이라고도 한다)

천지창조를 삼위 하나님이 하셨고 구속 사역도 삼위 하나님이 하신 것이다(요 1:1).

◉ 구약에 나타난 성령

- 출 28:1-3 제사장을 세울때에 "지혜로운 영"(성령)으로 채운 자를 세웠음(출 31:2, 39:29)
- 삼상 19:20-24 '다윗을 잡으려고 사무엘이 사는 라마나욧에 갔던 사울왕의 사자들과 사울왕이 예언함' (성령으로)
- 삼상10:6 "여호와의 신(성령)이 크게 임하여 예언을 하고 새 사람이 되니라"(삼상11:6 삼하23:2)

- 민 11:17-29 "이스라엘 70인 장로와(17-26) 모세를 따르던 '엘닷과 메닷'에게 '신'(성령)이 임하여 예언함"(27-29)
- 민 24:3-4, 15-19 "발람이 모압 나라 발락에게 가서 장차 그리스도가 오실 것을 예언(성령으로)함"(신 34:9)
- 민 27:18 "여호수아는 신(성령)의 감동된 자니 그에게 안수하고"(신 34:9)
- 삿 13:25, 14:19, 15:14 "여호와의 신(神:聖靈)이 삼손에게 크게 임하시매…."
- 삼상 16:12~13 "사무엘이 다윗에게 기름을 부으니 여호와의 신(성령)에게 크게 감동 되니라"
- 시 51:11 "주의 성신을 내게서 거두지 마소서"
- 대상 28:12 "또 성신이 가르치신 모든 식양 곧 여호와의 전에…."(대하 20:14, 24:20)
- 사 11:2 "여호와의 신 곧 지혜와 성령의 신이요 모략과 계명의 신이요 지식과 여호와를 경외하는 신이 그 위에 강림 하시리니"
- 사 32:15 "위에서부터 성령을 우리에게 부어 주시리니" (사 48:16, 61:1)
- 사 63:10-11 "그들이 반역하여 주의 성신을 근심케 하였으므로 그가 돌이켜…."
- 겔 11:5,19, 24:1 "때에 주의 신(성령)이 나를 들어 데리고…. 이르시기를"(겔 3:12, 14, 24, 8:3, 10:17, 11:1, 5, 19, 24, 36:27)

- 욜 2:28-29 "내 신(성령)을 만민에게 부어 주리니...." (잠1:23)
- 슥 4:6 "......오직 나의 신(성령) 으로 되느니라" (겔 4:12-14)

◉ 구약에 나타난 그리스도

- 창 28:12 "벧엘에서 야곱의 꿈에 본즉 사닥다리가 땅 위에 섰는데 그 꼭대기가 하늘에 닿았고....하나님의 사자가 그 위에 오르락내리락 하고" 이것은 장차 그리스도가 중보자(하나님과 사람)로서 사역할 것을 예언함이다
- 민 24:17 ".......한 별이 야곱에게서 나오며 한 홀이 이스라엘에게서 일어나서...."
여기 나오는 '별', '홀' 은 신약시대의 그리스도가 나실것을 예언함이다(발람의 예언)
- 사 7:14 "처녀가 잉태하여 아들을 나을 것이요 그 이름은 임마누엘이라 하리라"
이는 마리아에게서 그리스도가 성령으로 잉태하여 나실 것을 예언함이다
- 시 2:12 "그 아들에게 입 맞추라..." (시 2:1-2)
- 사 11:1-5 "이새의 줄기에서 한 싹이 나며 그 뿌리에서 한 가지가 나서 결실할 것이요..." 이는 다윗에게서 그리스도가 나실 것을 예언함이다
- 사 53:1-12 이사야 53장은 메시야(그리스도)에 대한 예언이다

메시야께서 장차 나타나서 택한 백성의 허물을 뒤집어쓰고 고난과 멸시를 받고 죽음으로서 구속 할 것을 예언함이다
- 단 9:25-26 "......예루살렘을 중건하라는 영(슈)이 날 때부터 기름부음을 받은 자 (메시야).....62 이레가 지날 것이요....그 후에는 기름부음을 받은 자(메시야)가 끊어질 것이요....."
- 미 5:2 "베들레헴 에브라다야 너는 유다 족속 중에 작을지라도 이스라엘을 다스릴 자가 네게서 내게로 나올 것이라 그의 근본은 상고에 태초에니라"(미 3:8)
  이스라엘을 다스릴 자는 메시야를 가리킨다. 그리고 "상고에 태초에니라" 이것은 메시야의 활동이 태초부터 영원하다는 것을 가리킨다(요 1:1)
- 슥 3:8 "내가 내 종 순을 나게 하리라" '순'은 그리스도를 예언한다
- 슥 4:12-14 "....이는 기름부음을 받은 자 둘이니...."
  (슥 6:12-13, 단 9:26)

※ 삼위 일체 교리 (三位一體敎理)

성경은 한 하나님이 삼위(三位:三人格)이심을 말하고 있다. 본체는 하나요, 삼위(三位)로 계시는 하나님이라는 것이다(三人格을 三神으로 하면 안됨). 성부(聖父)와 성자(聖子)와 성령(聖靈)은 삼위 하나님이시다. 삼위 하나님은 세분이라는 뜻이 아니다.

이것은 삼신론(三神論)이 된다. 또한 일체(一體)가 한분이라고 하면, 일신론 (一神 論)이 된다. 이것은 우리 인간의 이성(理性)으로는 이해할 수 없다. 그러므로 믿을 뿐이다. 신비(神秘)로운 것이요 오묘할 뿐이다.

• 고린도 교회에 보낸 바울의 기도문(祝禱文) (고후 13:13)의 "주 예수 그리스도의 은혜와 하나님의 사랑과 성령의 교통하심이 너희 무리와 함께 있을 지어다"는 예배 마지막 순서인 '축도'로 사용하고 있다.

거룩한 공회(公會: 敎會)

"거룩한 공회와"

교회는 헬라어로 '에클레시아' : 불러내다(召出)이다.

하나님께서 당신의 백성을 구원하기 위하여 불러내서 하나님께 예배하게 하는 집합체이다(마 18:20).

(1) 교회 성격(性格)

(A) 유형교회 (有形敎會)와 무형교회(無形敎會)

유형교회는 조직체를 형성한 교회로써 불완전하다. 불완전하다 함은 가룟유다와 같은 자가 섞여 있기도 하고, 니골라 와 같은 집사가 있어 교회가 성결하지 못함이다.

(B) 무형교회는 영적이므로 완전하나 하나님만이 아심

교회는 신앙고백과 말씀을 믿으면서 성례를 집행하고 하나님께 예배하며 세상과 죄와 마귀와 싸우는 전투적인 성격을 띄고 있다.

(2) 여러 시대의 교회

(A) 족장시대의 교회 (族長時代)

족장이 제사장 역할을 하여 하나님께 제사를 드렸다(예배).

노아, 아브라함, 이삭, 야곱이 그 예이다(창 8:20-21, 창 12:7, 13:18, 35:14, 28:16-22, 27:30, 28:1).

(B) 모세시대 교회

모세시대의 이스라엘 국가 교회는 정치와 종교를 겸하였다(一體化). 특별히 광야 교회(행 7:38)는 모세율법이 주축이 되어, 예를 들어서 안식일에 일을 하던가 하면 죽이기도 하였다(민 15:32-36). 오늘날의 권징(勸懲)과 같다.

(C) 신약시대 교회

오순절 이후에는 예루살렘 교회를 중심하여 발전되었다. 이스라엘 국가교회에서 떠나 독립적으로 교회가 신령과 진정으로 예배하는 교회로 발전한 것이다.

(D) 거룩한 교회

"거룩한 공회: 교회" 교회는 거룩을 그 특징으로 하고 있다. 거룩은 세상과 구별되어 있음을 말한다. 곧 교회는 세상국가에 예속되지 않는다. 그러나 세상국가와 무관 하지는 않다. 세상국가의 보호를 받기도 하고 도움을 받기도 함으로 세계복음선교에 획기적인 발전을 가져오고 있다.

(E) 넓은 의미에서의 교회

마 18:20에 말하기를 "두 세 사람이 내 이름으로 모인 곳에는 나도 그들 중에 있느니라"라고 하신 '내 이름으로 모인 곳'은 구속함을 받은 자들이 하나님께 예배하며 하나님께 경배하기 위하여 모인 곳이니 이것은 교회다. 그렇다면 노회, 총회, 목사회는 넓은 의미에서 교회다.

그러므로 성경을 강론하며 말씀을 나누며 말씀을 가르치며 배우면서....경건하게 하나님께 경배함이니 부도덕한 언사나 행동을 해서는 안된다. 경건하여 성총회 (聖總會)가 되어 하나님의 임재를 나타내 보여주어야 할 것이다.

(3) 참 교회의 세 가지 표지 (標識)

개혁교회는 이 세 가지 표지를 특징으로 하고 있다.

(A) 말씀의 참된 전파(요 8:31,32,47,14:23, 요1서 4:1-3)

말씀을 전파하되 믿고 행해야 한다(信行).

(B) 성례는 정당한 집행 (고전 11:24-27, 마 28:18-20)
성례는 성찬과 세례로서 말씀 안에서 집행 되어야 한다. 세례는 구원받는 조건이 아니고 구원 받음을 신앙고백과 함께 받는 것으로 믿음을 인정함이고, 성찬은 그리스도의 구속함을 받은 자가 성찬에 참예함으로써 다시 한 번 그리스도의 구속의 은혜에 동참 하는 것이다.

※성찬에 대한 여러 가지 학설

- 개혁파 교회는 상징설(象徵說) 이요 기념설(記念說)
- 루터파는 공재설(共在說): 이것은 잘못되었음.
- 로마교(천주교)는 화체설(化體說): 이것은 이단설임.

성찬의 떡은 누룩이 없어야 함.
그러므로 포도주를 사용하면 안 됨.

(C) 권징은 신실한 집행 (勸懲)
(마 18:18 고전 5:1-5, 14:33, 40, 계 2:14-15, 20)
권징은 교회를 성결케 하기 위하여 중요하다. 구약 모세시대에는 계명을 범한 백성(우상숭배, 안식일 범한 자, 부모 훼방자, 하나님의 것을 사취한 자 등)은 죽이라고 하였다. 이것이 오늘의 교회가 집행하는 권징이다. 구약시대는 종교와 국가가 일체(一體) 하였으므로 국가가 벌을 하였지만, 오늘 날은 은혜의 법으로써 권징(수찬정직, 면직, 정직, 근신, 출교) 한다.

　권징없는 교회나 권징이 없는 교단은 성결이 없으므로 타락하여 추악한 교회로 질서 없는 교회와 교단이 될 수 있고, 화평도 없고 성령의 은혜가 떠난 교회로서 인본주의와 세속화 되며, 좀 더 나아가면 하나님이 촛대를 옮기시기에 이른다(계2:5).

성도의 교통(聖徒交通)
롬 16:16

"성도가 서로 교통 하는 것과"

성도는 예수 그리스도를 구주로 믿는 자로써 하나님의 택함을 받은 자이며 하나님의 자녀로 부르심을 받은 거룩히 구별된 자이다. 그러므로 이제부터는 속된 세상사람과의 교통을 벗어나서 성도와의 교통 곧 교제가 있어야 한다(행 2:44-47, 고전 5:9-11, 고후 6:14, 7:1).

다윗과 요나단의 교통은 진실하고 아름다운 교제였다(삼상 20:41-42).

(1) 은혜와 진리로 함

진리가 없고 은혜가 없이 하는 교통은 속화된(俗된交通) 교통이니 이는 신앙에 아무 유익이 없다. 성도와의 교통은 하나님과의 교통이 이루어지고, 또한 하나님과 교통함으로서 성도와의 교통이 이루어진다(요 17:21-23).

(2) 하나님과의 교통 (요일 1:3)

하나님과의 교통은 예수 그리스도 안에서 이루어지므로 구원을 받고 하나님께 기도하며 말씀을 받고 순종해야 이루어 진다. 곧, 신행(信行)함이 하나님과의 교통이다(엡 2:13-16, 마 6:6-7, 신 4:7, 시:28, 살전 5:17).

죄를 사하여 주심 (赦罪)
요일 1:1-10

"죄를 사하여 주시는 것과"

우리는 하나님께서 죄를 사하여 주신 것을 믿는다. 곧 우리는 다 죄인이지만 그리스도 예수를 믿음으로 죄 사함을 받은 것이다(롬 3:25-28, 8:1).

(1) 원죄(原罪) 롬5:17

인류의 조상 아담은 인류의 대표자이므로 그가 범한 죄는 선악과 먹은 죄(하나님의 계명을 범한 죄)로서, 우리도 죄를 범한 것이다(롬 5:17-18). 이것을 원죄라 한다.

(2) 자범죄(自犯罪)

원죄로 인하여 사람은 부패하고 타락하였으므로 사람에게는 부패성 곧 옛사람이 있으므로 죄를 범하게 되며, 이것을 자범죄라 한다(엡 4:21, 골 3:5-9, 시 51:5).

(3) 죄의 결과

죄를 범하는 자마다 사망한다.

(A) 영혼사망(靈魂死亡)
창 3:3 "아담이 선악과를 먹은 후 동산에서 하나님을 피하여 숨었음" (창 2:17)
모든 사람은 영혼이 죽었으므로 하나님을 알지도 못하고 예수 그리스도도 알지 못하며 죄의 대가로 오는 심판도 알지 못한다.

(B) 육신 사망(肉身死亡)
영혼이 죽었으므로 육신에 죽음이 왔으며, 고로 모든 사람은 다 죽는다(히 9:27).

(4) 사죄(赦罪)

모든 사람이 죄를 범하였으므로 사망(영혼과 육신이 죽음)이

왔으나 예수그리스도의 대속(代贖)의 죽음으로 속죄(贖罪) 함을 받았으며(막 10:45, 히 9:14-15), 믿는자는 과거에 지은 죄, 현재에 지은 죄, 미래에 지을 죄까지 사함을 받았다.

믿는 자는 누구든지 죄 용서함을 받고 영생한다(요 3:16).

하나님께서 믿기로 작정(예정:예택)된 자는 다 믿는다(행 13:48).

(A) 믿지 않는 자는 사죄함이 없음

불택자는 믿지 못한다. 곧 사죄함이 없다.

(B) 성령을 훼방한 죄는 사죄함이 없음(마 12:31-32)

성령의 감동이 없으므로 성령을 훼방한다.

믿는 자는 성령 훼방 죄를 범하지 아니한다.

몸이 다시 삶(身體復活)

사 26:19, 단 12:2, 요 5:28-29, 11:25-26

"몸이 다시 사는 것과"

사람은 누구나 다 죽으나 부활이 있다. 그 부활을 믿는 자는 새 세계가 있으므로 슬퍼 할 것이 아니라 기뻐해야 한다. 죽을 때 '칼빈'은 너무나 좋아서 "생각컨대 생각 컨데" (롬 8:18) 하고 이 말씀을 몇 번이고 되새겼다고 한다. '스데반'도 돌에 맞아 죽는 순간까지 기뻐하면서 숨을 거둔 것이다 (행 7:54-60).

죽음을 두려워 아니하는 자는 부활을 믿는 기독교인 뿐이다.

(1) 부활의 시기(復活의 時期)

예수께서 재림 하실 그날에 먼저 죽은 자가 살아나고 살아남은 자가 구름 속으로 끌어 올라간다(휴거:携去) (살전 4:16-17).

(2) 부활체(復活體)

신령한 몸으로 부활한다(빌 3:21, 고전 15:39-44). 예수님의 부활한 몸과 같이 신령한 몸이다. 몸은 몸이나 먹을 수도 있고, 안 먹어도 되고, 눈에 보이기도 하고, 또 안보이기도 한다(요 21:13-14, 눅 24:31, 38-43). 시간과 공간의 제재를 받지 않는다.

(3) 악인의 부활(행 24:15, 요 5:29)

악인 곧 믿지 않던 사람은 예수께서 재림 하실 때에 부활하여 영벌(永罰:지옥)에 처하며, 거기서 슬피울며 통곡한다(마 25:41-46).

※ 믿는 자는 견고하여 흔들리지 말고(부해도 가난해도)
 더욱 견고하여 진리를 붙들고 믿음에 힘써야 한다
 (고전 15:50-58).

영생(永生: 天國)

"영원히 사는 것을 믿사옵나이다"

영생은 천국 가서 사는 것을 말한다(天國 마 5:20: 天堂 고후 5:1, 樂園 눅 23:43, 하늘의 都城 히 13:14). 그러므로 죽음을 슬퍼하지 말라고 하였다(살전 5:13). 영생은 신자에게 최대의 축복이다.

(1) 오직 믿음으로 들어감

사람의 행위는 추호도 개입이 안 되고 오직 믿음으로만 들어 간다(엡 2:8-9, 롬 5:1, 3:26-28).

(2) 신자는 상을 받음(報償)

계명을 지키므로 고난을 받고 혹은 순교의 죽임을 당하면 하늘의 최고의 상을 받게 된다(계 2:10, 7, 26, 고후 5:10, 벧전 5:4, 마 10:42).

(3) 불신자는 영벌(永罰)

불신자는 예수 믿지 않은 죄 때문에 아담의 원죄를 지고 있으므로 죄인이 행한 선은 선이 아니고 지옥 갈 죄 뿐이므로 영벌에 처하며 꺼지지 않는 지옥 불에서 세세토록 고통을 당할 뿐이다. 이것이 하나님의 공의의 심판이다(마 25:46).

믿사옵나이다(信仰). 아멘

"믿사옵나이다. 아멘"

(1) 믿사옵나이다(信仰)

　사도신경에 "믿습니다"란 말이 4번 나온다. 우리가 사도신경을 믿는 것은 성경에서 사도들이 신앙 고백을 간추린 그것을 믿는 것이다.

(2) 아멘

　'아멘'은 믿을 수 있는 것을 그대로 시인함을 말 한다. 또한 찬송하는 뜻도 있다. 그리고 우리들의 신앙고백을 제창한다 함이다.

PART 2

십계명(10誡命)
출 20:1-17
(The Ten Commandments)

십계명(10誡命)
(The Ten Commandments)
출 20:1-17

하나님이 이 모든 말씀으로 일러 가라사대 나는......
너의 하나님 여호와니라. (1-2)

제1은 너는 나 외에는 다른 신들을
      네게 있게 말지니라(3)

제2는 너를 위하여 새긴 우상을 만들지 말고
      또 위로 하늘에 있는 것이나
      아래로 땅에 있는 것이나 땅 아래
      물속에 있는 것의 아무 형상이든지
      만들지 말며 그것들에게
      절하지 말며 그것들을 섬기지 말라
      나 여호와 너의 하나님은 질투하는 하나님인즉
      나를 미워하는 자의 죄를 갚되 아비로부터
      아들에게로 삼사대 까지 이르게 하거니와
      나를 사랑하고 내 계명을 지키는 자에게는
      천대까지 은혜를 베푸느니라(4-6)

제3은 너는 너의 하나님 여호와의 이름을 망령되이 일컫지 말라
      나 여호와는 나의 이름을 망령되이 일컫는 자를 죄 없다
      하지 아니하리라(7)

제4는 안식일을 기억하여 거룩히 지키라
      엿새 동안은 힘써 네 모든 일을 행할 것이나

　　　　제 칠일은 너의 하나님 여호와의 안식일인즉
　　　　너나 네 아들이나 네 딸이나
　　　　네 남종이나 네 여종이나 네 육축이나
　　　　네 문안에 유하는 객이라도 아무 일도 하지 말라
　　　　이는 엿새 동안에 나 여호와가 하늘과 땅과 바다와
　　　　그 가운데 모든 것을 만들고 제 칠일에 쉬었음이라
　　　　그러므로 나 여호와가 안식일을 복되게 하여
　　　　그날을 거룩하게 하였느니라(8-11)

제5는 네 부모를 공경하라
　　　　그리하면 너의 하나님 나 여호와가
　　　　네게 준 땅에서 네 생명이 길리라(12)

제6은 살인하지 말지니라(13)

제7은 간음하지 말지니라(14)

제8은 도적질하지 말지니라(15)

제9는 네 이웃에 대하여 거짓 증거하지 말지니라(16)

**제10은 네 이웃의 집을 탐내지 말지니라 네 이웃의 아내나 그의 남 종이나
　　　그의 여종이나 그의 소나 그의 나귀나 무릇 네 이웃의 소유를 탐내지
　　　말지니라**(17)
　　　　예수께서 가라사대 네 마음을 다하고
　　　　목숨을 다하고 뜻을 다하여
　　　　주 너의 하나님을 사랑하라 하셨으니 이것이 크고 첫째 되는 계명이요
　　　　둘째는 그와 같으니 네 이웃을 네 몸과 같이 사랑하라 하셨으니
　　　　이 두 계명이 온 율법과 선지자의 강령이니라(마 22:37-40)

십계명 (10誡命) 해설
(The Ten Commandments)

(출 20:1-17)

십계명은 모세가 시내산에서 하나님이 계시하신 하나님의 말씀을 받은 기록이다(출 19:16-25, 20:1-17).

하나님은 10계명을 모세에게 말씀하실 때에 먼저 '어떠하신 하나님' 이심을 말씀 하신다. 곧 그는 그 백성을 구원 해 주시는 사랑의 구주임을 말씀하신다(출 20:1-2). 그러므로 우리가 계명을 지키는 것은 그가 먼저 우리를 사랑하여 구원 해 주셨기 때문이며(요1서 4:7-11), 그 계명은 은혜의 관계의 것이고 보상주의(報償主義)의 것이 아니다.

10계명을 지켜야 구원을 받는다고 하는 것은 율법주의이다. 그것은 갈라디아교회의 율법주의자(할례주의자)들과 같은 것이다. 그들은 이단자들이다(갈 1:6-9).

유대주의 자들은 그것을 보상주의 율법으로 본 것이다. 그것은 잘못된 견해이다. 이스라엘에게 대한 율법의 관계가 은혜의 것임을 다음과 같이 네 가지로 지적한다.

(1) 이스라엘의 출애굽 사건은 율법 받기 전에 된 일이다.
(2) 그들이 가나안복지를 얻은 것도 그들이 율법을 지킨 까닭이 아니다(신 9:6).
(3) 이스라엘이 출애굽 광야에서 많은 범죄를 하므로 벌을 받았다. 그러나 회개함으로 사죄함을 받았다. 이는 은혜로 된 것이다.
(4) 율법의 의식적(儀式的) 부분에서 보면 하나님은 인간이 죄를 범했을 때에 성전에 희생제물을 죄의 속가(贖價)로 받으시고 사죄하여 주셨다. 양의 피는그리스도의 피의 예표이다. 이것이 은혜의 구원의 제도이다.

(박윤선 목사 출애굽기 주석 p 549 -550)

※ 제1계명에서 제4계명은 하나님께 대한 계명이다.

제1계명 "너는 나 외에는 다른 신들을 네게 있게 말지니라"
하나님만이 참 하나님이시므로 하나님 한분만을 섬기라는 말이다. 이스라엘 백성은 다신교(多神敎)인 애굽에서 나왔고, 또 앞으로 들어갈 가나안땅 역시 다신교(多神敎)가 지배하는 곳이다(3).

사 45:5-7 말씀에 "나는 여호와라 나 외에 다른 이가 없나니 나 밖에 신이 없느니라…. 해 뜨는 곳에든지 지는 곳에든지 나 밖에 다른이가 없는 줄을 무리로 알게 하리라 나는 여호와라 다른 이가 없느니라…."

우주를 창조하시고 지배하시는 분은 하나님 한 분이시다(사 45:18). 하나님은 독생자 예수그리스도의 십자가로 구속하시는 계시를 주셨고 최후 심판하실 계시도 주신 것이다. 그런고로 하나님 한 분만을 섬길 때 구원을 받고 축복을 받는다.

제2계명 "너를 위하여 새긴 우상을 만들지 말고 또 위로 하늘에 있는 것이나 아래로 땅에 있는 것이나 땅 아래 물속에 있는 것의 아무 형상이든지 만들지 말며 그것들에게 절하지 말며 그것들을 섬기지 말라"

나 여호와 너의 하나님은 질투하는 하나님인즉 나를 미워하는 자의 죄를 갚되 아비로 부터 아들에게로 삼사대까지 이루게 하거니와 나를 사랑하고 내 계명을 지키는 자에게는 천대까지 은혜를 베푸느니라(4-6)

여기서는 우상 섬기는 것을 금하신다(신 30:17-18)
(1) 우상을 만들지 말며(신 4:23)
(2) 우상에게 절하지 말며

(3) 우상을 섬기지 말라

하나님 외의 신이라고 하는 것은 모두 우상이다.

사람들의 손으로 신이라고 만든 것들은 모두 우상이다.

하늘에 있는 모양이든지 땅에 있는 모양이든지 물속에 있는 모양이든지(形像) 만들지 말며 그것들에게 절하지 말며 섬기지 말라 하셨다.

또한 어떤 모양(形像)의 것이라도 절하면 그것이 우상이고 또한 어떤 형상의 것이라도 복을 빌면서 섬기는 것도 우상이다. 또 죽은 사람의 시체를 보고 절하면 그것은 우상 섬기는 죄가 되는 것이다.

평양에 가면 모란봉 만수대에 있는 김일성미이라에게 절하라고 강권 한다고 한다. 남한 방북객들 중 정치인, 종교인, 그 중에는 상당한 기독교 목사들이 가서 절을 하고 돌아온다. 이것은 우상 숭배한 죄악이다.(한기원 편지 2010년 19호 P74 "북에 가시는 분들을 위하여 한마디")

일본 신사에게 절하지 않으므로 5년 혹은 7년 옥고 (獄苦)를 치르고 朴寬俊장로, 朱基撤목사, 崔權能목사 朱南善목사는 순교의 피를 흘렸었다.

그 외에도 李基宣목사, 沈乙鐵전도사(목사), 朴義欽전도사, 韓尙東목사, 李仁宰전도사(목사), 孫良源목사, 安義淑여사(사모), 崔德智여사, 朴信根집사가 수진자로 옥고를 치르지 아니 하였는가?

　김일성미이라에게 절하고 돌아온 목사들이여…. 부끄럽지 않은가? 그리하고도 돌아와서 아무 일 없었던 것처럼 함구(緘口)하고 있으나 양심이 알고 있지 않는가? 이제라도 늦지 않으니 입을 열어 솔직히 고백하고 회개하라. 그리해야만 그가 살고 그 집이 살고, 교회가 살고, 한국교회가 살 것이다.

　시체(屍體)앞에서 묵념을 하면 이것도 우상숭배다. 신 7:3-4에 가나안에서 "이방여인과 혼인 하지 말라"고 한 것은 그들이 섬기는 우상숭배를 할까 염려해서이다. 고(故) 李學仁 목사님의 맏아들 李榮一 군은 군대에 나가서 국기경례를 거부하다가 불명예제대를 하였다. 후에 미국 유학 가려고 수속 할 때에 국방부에서 거절당하고 끝내 유학을 못가고 말았다. 이 얼마나 자랑스러운 신앙인가!

　불신의 가정에서 제사 할 때에 참예하지 말라. 제사음식 먹는 것도 우상숭배 하는 것이라고 성경은 말하고 있다(고전 10:18-20).

　우상을 섬기는 자에게는 하나님께서 벌을 엄하게 내리시되 자손 3,4대까지 라고 하였다(출 20:5). 유다나라가 우상 섬긴 죄로 인하여 바벨론에 침략을 받았다. 렘25:6-11에 "너희는 다른 신을 좇아 섬기거나 숭배하지 말며 너희 손으로 만든 것을 인하여 나의 노를 격동치 말라…. 이 나라들은 70년 동안 바벨론 왕을 섬기리라"

그 때에 예루살렘성은 황폐해졌고 성전은 불탔고 성벽은 무너지고 백성들은 굶고 배가 고파서 자기 아이를 잡아먹기도 했다. 왕은 도망가다가 바벨론 군대에게 잡혀 왕이 보는 앞에서 두 아들을 죽이고, 왕의 두 눈은 빼고, 바벨론으로 끌고 가서 옥에 갇히게 되었다. 그 때에 4차에 걸쳐 4,600명이 바벨론에 포로가 되어 70년을 지낸 것이다(대하 36:16-21). 하나님은 우상 섬기는 자에게는 엄하게 벌을 내리신다.

그러나 하나님을 사랑하고 계명을 지키는 자에게는 천대까지 은혜와 복을 주신다(출 20:6). 믿음의 조상 아브라함이 받은 복이 그러하였다. 마 1:1-17에 "아브라함과 다윗의 자손 예수 그리스도의 세계(족보)라....."고 기록 되었다.

제3계명 "너는 너의 하나님 여호와의 이름을 망령되이 일컫지 말라 나 여호와는 나의 이름을 망령되이 일컫는 자를 죄 없다 하지 아니하리라"(7)

이름은 바로 그의 인격이다. 그런고로 '여호와의 이름'은 곧, 하나님 자신이다(마 6:9). "여호와의 이름을 망령되이 일컫지 말라" 함은 '망령되이'는 '허무하고 거짓된 것' 또는 '헛되이'를 뜻한다. 우리가 하나님의 이름을 함부로 불러도 안 되고 또, 헛되이 여겨도 안 된다. 사울왕은 블레셋 군대의 침략으로 곤궁한 자리에 처했을 때에 엔돌에 있는 신접한 여인을 찾아가서 여호와로 맹세한 것은 여호와의 이름을 망령되이 여긴 죄악이다(삼상 28:8-10). 그 죄값으로 전쟁에서 두 아들이 죽고 사울왕도 전사하였다. 대상 10:13-15에 말하기를 "사울이 죽은 것은 여호와께 범죄 하였음이라…."고 하였다. 요리문답 제54문에 "셋째계명이 명하는 것이 무엇이뇨?"의 답은 "제 3계명의 명하는 것은 하나님의 이름과 칭호와 속성과 규례와 말씀과 행사를 거룩하고 존경하는 마음으로 사용할 것이니라"이다. 산상보훈에서 예수님이 가르치신 교훈 가운데(主祈禱文) "하늘에 계신 우리 아버지여 이름이 거룩히 여김을 받으시오며" 라고 하였다. 이렇게 하나님의 이름을 거룩히 여기게 해야 한다. 곧 여호와의 이름을 망령되이 하지 말아야 한다는 것이다. 신자는 하나님의 이름을 존경할 것이고 경히 여기거나 또는 남용해서는 안된다. 이스라엘의 구약 대제사장은 1년에 한번씩 속죄일에 지성소에서 속죄 제물을 바친 후에 부르는 이름은 '여호와' 라고 부른다고 한다. 어떤 목사님은 '하나님' 이라고 쓸 때(필기할 때)에 약자로 쓰지 않는다고 한다. 또 성경을 읽다가 피곤하더라도 순간적으로 성경을 베개로 삼고 베지 않는다고 한다. 성도는 여호와의 이름을 존중히 여기며 거룩히 사용하여야 한다.

제4계명 "안식일을 기억하여 거룩히 지키라"

엿새 동안은 힘써 네 모든 일을 행할 것이나 제7일은 너의 하나님 여호와의 안식일인즉 너나 네 아들이나 네 딸이나 네 남종이나 네 여종이나 네 육축이나 네 문안에 유하는 객이라도 아무 일도 하지 말라 이는 엿새 동안에 나 여호와가 하늘과 땅과 바다 와 그 가운데 모든 것을 만들고 제7일에 쉬었음이라 그러므로 나 여호와가 안식일을 복되게 하여 그 날을 거룩하게 하였느니 라(8-11)

제4계명은 '안식일' (安息日)에 대하여 가르친다.

안식일의 시작은 창2:1-2에 하나님께서 천지만물을 창조 할 때부터 이다. 그 후 시내산에서 모세에게 10계명 중 4째계명에 서 "안식일을 거룩하게 지키라"고 하신 것으로 이때부터 안식일 이 법제화(法制化) 된 것이다. 인간에게 안식일을 지키게 함은 복을 주시기 위함이다. 그러므로 이날을 거룩하게 (하나님께 예 배함으로)함으로서 복을 받는다. 성도로서 안식일(오늘날은 주 일:主日)을 지키지 않으면 성도의 본분을 다하지 못하므로 죄를 범하는 것만 아니고 은혜와 축복을 받지 못한다. 그리고 하나님 께 벌을 받게 된다.

(1) 안식일 (주일)을 지키는 방법
(A) 거룩히 지킴(8)
이것은 그 날에 예배드림이다.
(B) 엿새 동안에 힘써 일 하고 (9)
주일날 쉼으로 (예배드리며) 평안하고 불신자들에게도 모범

이 될 것이다.

(C) 안식일(주일)에는 아무 일도 하지 말 것(10)

여기 말한 '일'은 히브리 원어로 '멜락카니'로 육체의 생활을 위하여 계속되는 일이다. 곧 영업과 같은 일이다. 도시에서는 장사 하는 일, 공장에서 기계를 돌리는 일, 농촌에서는 모심기, 벼베기, 탈곡 등이다. 육신을 위해서 사고파는 일도 해서는 안된다(느 13:15-18). 주일에는 하루 세끼 식사에 관한 일 외에는 올 스톱이다. 그리하여 영적 생활을 위주로 하여 하나님께 예배 하면서 신령한 은혜를 받도록 힘써야 한다. 주일 예배를 오전 11시와 오후 2시, 혹은 3시(저녁 7시 예배를 대신 함) 예배를 드리는 것은 한국교회의 오래된 정통(正統)이요, 전통(傳統)이기도 하다. 그런데 오늘에 와서는 오전 11시에 한번만 예배드리는 교회가 늘어나고 있다.

주일날 예배를 한번만 드리고 집으로 돌아가면 공백시간이 너무 많으므로 믿음이 어린 교인들은 주일을 거룩하게 지키기 어렵다(주일날 공백시간에 극장, 관광, 오락, 기타 여러 가지 일을 할 수 있다). 그러므로 한국교회의 정통이요 전통인 11시 예배와 오후 2시예배(저녁 7시예배) 두 번 예배 드리는 것이 가장 합리적이고 또 은혜롭다고 생각 한다.

(2) 제7일에 안식 할 이유 (8-11)

그것은 하나님께서 만물 창조를 6일 동안에 마치시고 제 7일에 안식하사 그날을 복되게 하신 것이다.

안식일(주일)을 거룩하게 지켜야 할 이유는 우리가 복 받는 이유도 있지만 그날을 복 되게 하셨기 때문에 그날을 복 받는 의미도 있다.

※ 주일은 안식일의 후신(後身)이다

안식일(主日)은 우리가 장차 들어갈 무궁한 안식(安息)의 표상(表象)이니 거룩하게 지켜야한다(히 4:4-9).

우리는 주일을 지키면서 구원받은 우리가 장차 무궁한 안식세계(無窮한安息世界)에 들어갈 것을 생각하면서 구원받은 우리가 이 소망을 가지고 현세의 생활을 거룩하게 살게 된다. 은혜를 받으면서, 믿음을 지키면서 내세의 맛을 보게 된다.

※ 왜 신약시대에는 구약시대처럼 제7일 안식일(토요일)을 지키지 않고 7일중 첫날인 '주일'을 지키는가?

'안식일 제도'는 계시(啓示)의 완성과 함께 그리스도 중심의 것으로 변동 되었다는 사실이다. 그리스도 중심이란 안식일 제도(安息日制度)의 비 본질적(非本質的)인 요소들, 예컨대 날짜와 같은 것이 변동되어 그리스도께서 부활하신 날로 변동되었음을 말함이다.

안식일이 하나님의 천지창조를 기념한 것이라고 하며 (창 2:1-3) 그리스도로 말미암은 새창조(新創造)인 구속에 의하여 만물을 새롭게 하신 것을 더욱 기념해야 한다. 그날은 그리스도께서 부활하신 날이니 주일을 지킴이 마땅하다.

골3:16-17에 말하기를 "그러므로 먹고 마시는 것과 절기나 월삭이나 안식일을 인하여 누구든지 너희를 폄론하지 못하게 하라 이것들은 장래의 그림자이나 몸은 그리스도의 것이니라"고 하였다.

골로새교회의 율법주의자들은(異端者) 말하기를 "너희는 왜 안식일을 지키지 아니하느냐...."고 폄론하였다. 바울은 말하기를 "구약의 안식일은 신약의 그리스도의 그림자"라고 말하면서 그리스도께서 부활하신 주일을 지켜야 할 것을 말하였다.

그리스도의 부활한 날을 주일로 지키는 것은 마땅하다. 안식교회의 또 하나의 잘못된 것은 '안식일을 지켜야 구원을 얻는다' 고 주장하는 것이다(김상도 지음 "주의날은 일요일인가? 토요일인가?" P 32).

개혁파 교회는 '주일 성수' 할 것을 철저하게 강조한다. 그러나 주일을 지켜야 구원을 받는다고는 하지 않는다. 그리스도의 구속의 은혜를 받은 자들은 감사함으로 주일을 지키며 모든 계명을 지킨다. 계명을 지키는 자들은 하늘의 상을 받을 뿐이다.

구원은 예수를 믿음으로만 받는다. 롬 3:27에 "무슨 법으로냐 행위로냐 아니라 오직 믿음의 법이니라" (롬 5:9, 엡 2:8-9)

※ 주일을 지킴에 있어서 명심 할 것

① 주일에는 사업을 중지해야 함(출 34:21)

사업하는 자는 주인만 아니고 고용자들도 주일에 모든 일을 중지해야 한다.

농민은 농사하는 모든 일 곧, 밭 가는 일, 씨 뿌리는 일, 모 심는 일, 거두는 일, 타작 하는 일을 주인은 물론이고 일꾼들도 중지해야 한다. 소도 일을 시키면 안 된다.

② 주일에는 오락을 해서는 안 됨(사 58:13-14)

각종 관람행위(영화, 스포츠경기)나 관광하거나 여행이나 또는 이사하는 일을 해 서는 안 된다.

예배당 내에 스포츠기구(배구, 농구, 탁구등)를 설치하여 간단한 운동으로 청소년들을 이용하게 함은 신앙의 유익보다는 손해되는 일이 많으므로 이를 해서는 안된다.

③ 주일에는 하나님께 예배가 중심이 되어 은혜 받는 일에 전심을 기울여야 함

④ 주일 날 야외예배 하는 것도 경건과 거룩에서 벗어나기 쉬우므로 삼가야 한다

주일에는 일체 일을 해서는 안 된다.

제4계명에 있어서 말하기를 "너나 네 아들이나 네 딸이나 네 남종이나 네 여종이나 네 육축이나 네 문안에 유하는 객이라도 아무 일도 하지 말라"(출 20:10)고 구체적으로 자세하게 말씀하

셨다.

이 외에도 안식일에는 일 하지 말라는 말씀을 성경 여러 곳에서 말씀하셨다(출 16:25-30, 31:12-17, 민 15:32-36, 출 35:1-3).

⑤ 십계명중 제 4계명인 안식일을 다른계명보다 더 중요하게 말함

출35:2에 "여호와께 특별한 안식일이라 무릇 이 날에 일 하는 자는 죽일지니" 또 말하기를 출31:15에는 "큰 안식일이니라"고 하였다.

여기서 '안식일'을 '특별한 날'이라고 하였다. 그리고 신약 요19:31에 "이 날은 예비일이라 유대인들은 그 안식일이 큰 날이므로 그 안식일에 시체들을 십자가에 두지 아니하려 하여...." 라고 한 것은 안식일이 중요함을 말씀하는 것이다.

주일날(안식일) 하나님께 예배를 드리면서 은혜를 받는 것 같이 중요한 것이 어디 또 있는가! 주일에 일을 안 하는 것도 하나님께 예배하면서 영의 안식을 위해서이다.

⑥ 구약에서 말하는 안식일에 해서 안 되는 일들

- 밭 갈고 추수하는 일(출 34:21)
- 포도주를 짜고 물건을 운반하는 일(느 13:15)
- 짐을 지는 일(렘 17:21)
- 장사 하는 일(암 8:5)
- 시장 여는 일(느 13:15)
- 나무 하는 일(민 15:32-36)

• 불을 피우는 일(출 35:3) (이상근 박사 저 출애굽기주석 p 246)

※주일을 지키며 하나님께 순종하면서 하나님 제일주의로 살면, 은혜를 받으며 신앙의 진보가 있고 신앙이 날마다 향상될 것이다. 그리고 그 성도는 신령한 성도가 될 것이다.

※ 제5계명에서 제10계명은 사람에 대한 계명이다

제5계명 "네 부모를 공경하라"

그리하면 너의 하나님 나 여호와가 네게 준 땅에서 네 생명이 길리라" (12)

"부모를 공경하라"는 것은 부모를 존경함이다. 엡 6:1에서는 "부모를 주 안에서 순종하라"가 먼저 있고 다음 2절에서는 "공경하라"는 말이 나온다. 자녀들은 부모에게 대하여 공경(恭敬)하며 또 순종(順從) 해야 한다.

공경은 무조건이고(부모가 부족한 것이 있더라도) 순종은 주 안에서 하라고 하였으니, '주 안' 이라는 말의 뜻은 주님의 뜻에 합당한 것을 순종하라 함이다.

순종은 조건 있는 순종이다. 그러나 공경은 무조건이다.

부모를 공경함에 있어서는 겸손과 공손한 마음을 가진 태도여야 한다. 순종함에 있어서는 주안에서 해야 한다. 하나님을 부모 위에 놓고, 하나님의 뜻을 첫째로 하고 다음으로 부모를 순종해야 한다.

자녀들은 부모를 섬기면서 하나님도 바로 알고 섬기게 된다. 일본인들은 부모를 공경함에 있어서 자녀들에게 "부모의 방(房)을 향해서 발을 뻗지 말라"고 가르친다. 유교에서는 부모가 첫째다 그래서 부모가 세상을 떠난 후에 자식들은 기일(忌日)이 되면 제사를 한다. 이것은 부모를 우상화 하는 것이니 유교의 효행(孝行)은 인본주의이다.

기독교는 부모공경과 순종은 철저하다. 잠 6:20, 21, 10:1, 15:20, 23:25에 "네 부모를 즐겁게하며 너 낳은 어미를 기쁘게 하라"고 하였다. 그러나 하나님과 동등시 하지는 않는다. 또 동등시해서는 결코 아니된다. 부모공경과 순종은 인륜(人倫)이고 하나님 공경과 순종은 천륜(天倫)이다. 천륜이 먼저이고 인륜은 그 다음이다. 이것이 바른 신앙이다.

신자는 인륜에 있어서도 잘해야 하고 또 천륜에 있어서도 잘해야 한다. 여기에 복이 있다. 그래서 성경은 말하기를 "잘 되리라"고 하였다. 또한 "네 생명이 길리라"고 하였다. 이것은 하나님이 주시는 축복이다.

"잘 되고"(엡 6:3)는 이 세상에서 잘 된다는 말이다. 곧 부모공경을 잘하고 또 순종을 잘하는 자녀들은 방탕하지도 않고 자기 책임을 잘 하는 인격적으로도 훌륭하게 자라난다.

"네 생명이 길리라"(엡 6:3, 잠 4:10). 효자는 안정된 생활을 하며 유리방황하지도 않고, 또 자기 책임을 성실히 하기 때문에 하나님께서 복을 주신다. 성경 전체적으로 볼 때에 부모에게 대하여 성실하거나 하나님께 대한 신앙이 성실하고 계명을 지키며 곧 인륜과 천륜을 다하는 자는 땅에서도 복을 받는 것을 볼 수 있다. 이 같은 자들에게 하나님께서 복을 주시는 것이다.

하나님의 아들 예수님께서도 십자가에 달렸을때에 죽음을 앞두고 사도요한에게 어머니(마리아)를 부탁하셨다. 요19:27에 말하기를 "예수께서....그 모친께 말씀하시되 여자여 보소서 아들이니이다 하시고 또 그 제자에게 이르시되 보라 네 어머니라 하신대 그때부터 그 제자가 자기 집에 모시니라"

※ "부모공경에 대한 비정(非情)을 고발한다"
　　(현대판 고려장:高麗葬)

오늘의 사회는 자기중심주의가 되어 옛날처럼 부모공경하는 것을 보기 어렵다. 오늘날 자식이 부모를 내다 버리는 일들이 있으니 말이다.

필자와 함께하는 교단 ○○○목사님이 한국에 있을 때의 일이다. 어느 양로원을 방문 한 적이 있었다고 한다. 그때 양로원에서 할머니 한분을 만났다. "할머니! 어떻게 여기를 오시게 되었습니까?"고 여쭈었더니 할머니는 머뭇거리시다가 아들과 며느리가 "어머니! 우리 제주도에 일주일 관광 갑시다"고 하기에 따라 나섰다. 관광을 마치고 저녁이 되었는데 "어머님 여기서 좀 기다리세요. 한 시간 후에 돌아오겠습니다"고 하고 어디론가 갔는데 1시간 후에 온다던 아들 며느리는 안 오고, 날은 저물고.... 기다리다 지쳐서 애를 태우고 있는데 마침 젊은 경찰관 한 분이 다가오더니 "할머니 누구를 기다리십니까?" 묻기에 자초지종 이야기를 했다. 그 경찰관 말이 "할머니! 아들 며느리는 안 옵니다"고 하면서 파출소로 모시고 갔다가 며칠 후에 서울 어느 양로원으로 보내졌다고 하면서 지금은 여기로 왔다고 말씀하셨다 한다.

그 경찰관이 하는 말이 종종 이런 일이 있다고 했다. 그때마다 양로원으로 보낸다고 하니 어찌 이런 일이 있을 수 있는가? 아무리 사회가 타락했다고 하지만 자기를 낳아준 어머니를.... 그도 다름 아닌 사회적으로 명성있는 아들이라고 한다. 끝까지 아들의 이름은 밝히지를 않았다.

늙은 부모를 귀찮아서 점잖게 제주도 관광가자고 하고 제주도로 와서 어머니를 내 버렸으니.... 이것은 옛날 고구려 때에 있었던 고려장(高麗葬) 과 같은 것이니 현대판 고려장이다. 다른 사람도 아니고 내가 낳은 아들에게 당했으니 참으로 기가 찰 일이다. 필자는 이 말을 듣고 있다가 하염없이 눈물을 흘렸다.

"자녀들아... 네 부모를 순종하라 이것이 옳으니라 네 아버지와 어머니를 공경하라 이것이 옳으니라(엡 6:1)"

그러나 효심 있는 자식도 있다.

필자가 상도동에서 어느 목욕탕에 갔는데 저녁이었다. 나이가 50쯤 되어 보이는 어떤 남자 한분이 목욕을 하러 왔는데 전화 통화를 하는 내용을 들으니 "어머니 저녁 잡수셨어요? 저는 목욕하러 왔어요...." 하면서 "어머니 그러면 편히 쉬세요" 하고 끊는다.

  필자는 이것을 보고 행복했다. 자식들이 부모에 대하여 이렇게 모두가 효심이 있으면 얼마나 좋을까!!

• 2012년도 LA 중앙일보 기사에서..... 아들이 어머니를 야구 방망이로 쳐 죽인 사건이 있었다. 그 내용은 이렇다. 아들과 어머니 모자가 살았는데 아들이 공부도 잘 하는편 이었다고 한다. 그런데 어머니는 좀 더 잘 하라고.... 시험이 끝나고 오면 좀 더 잘 하라고 그보다 더 잘 하라고.... 이렇게 하기를 몇 번이건 어머니는 아들의 성적에 만족하지 않아서 불평과 독촉과 계속 짜증나게 달달 볶아댄 것이다. 아들은 열심히 공부를 잘 했는데도 어머니의 마음에 만족하지 못해서 좀 더 잘 해 주기를 바란 것이다. 아들은 열심히 하던 공부가 실증이 나고 어머니에 대한 반감이 생긴 것이다. 눈만 뜨면 "공부 잘 해라 이번에는 올백을 받아 오도록 하거라" 오직 공부에만 열을 올리는 어머니의 모정에 나쁜 감정으로 돌아서서 그 아들은 옆에 있던 야구 방망이로 어머니 머리를 내리 친 것이다. 어머니는 야구 방망이에 그만.... 물론 아들이 잘못이다. 어머니를 야구 방망이로 쳐 죽이다니.... 그러나 그 학생의 어머니는 너무 지나쳤다. 오직 공부! 자다 깨면

공부! 잘 하면 칭찬보다 좀 더 잘 하기 위해서 독촉하는 어머니의 교육방법은 도리어 역 효과를 낸 것이다. 성경은 이렇게 말하였다. 엡 6:4에 "또 아비들아 너희 자녀를 노엽게 하지 말고 오직 주의 교양과 훈계로 양육하라"고 하였다. 여기 "자녀를 노엽게 하지 말라"하였으니 지나친 교육열, 지나친 자녀교육은 도리어 자녀를 노엽게 하는 결과로 낙심하기 쉽다. 이것이 화를 불러 일으킨 것이다.

자녀가 잘못했을 때는 말로 하다가도 회초리를 드는 일이 있다. 다시 말해서 아들이 잘못을 저질렀을 때에 아들의 종아리를 때려 피가 나게 하는 일이다.

필자는 5남매를 기르면서 한 두번 회초리로 때린 기억이 있다. 물론 효과가 100% 날 수도 있다. 그러나 이런 방법도 있다.

아들을 위해서 많이 기도하고, 훈계하고, 또 훈계하고 며칠을 지나서 또 기도하고, 눈물로 함께 기도하면서 하나님 아버지께 모든 것을 구한다. 그리고 나서도 아들이 바로서지 않을 때에는 아들 앞에서 아버지가 자기의 종아리를 회초리로 때려서 피가 나게 한다. "내 아들아 네가 잘못한 것은 내 탓이야. 이 아버지가 잘못 가르친 때문이야....." 하면서 몇 번이고 회초리로 아버지 종아리에서 피가 나게 하면 그때 그 아들이 그것을 보고 울면서 "아버지...." 하면서 회초리를 빼앗고 "아버지! 잘못했습니다"고 한 아버지가 있다. 이것도 좋은 방법중 하나라고 생각이

든다.

　자녀의 인성교육이 하루 이틀에 되는 것이 아니다. 매 한번 때리지 않고도 자녀를 바로 잡아주는 아버지도 있다.

　필자가 왜정때 국민학교 담임선생님이 교장이면서 담임이었다. 일본이름으로 '아오마쯔 마사미내'(靑松正峯)라고 하는 선생님인데 학생들에게 매 한번 안 때렸어도 학생들은 그 선생님을 무서워하면서 존경하면서 공부를 잘 하였다. 필자는 지금 80세가 넘었어도 어느 날 5계명 "네 부모를 공경하라"는 글을 쓰면서 이 선생님을 머리에 떠올려 그리워 하였다. 오늘의 사회가..... 가정도, 학교도, 점점 메말라 가면서 미성년자들이 옛날 같은 아이들이 아니고 순수성이 없다. 인성교육에 있어서 우리 모두가 가정에서, 교회에서, 학교에서, 사회에서 힘을 써야 한다.

　"네 부모를 공경하라 이것이 옳으니라" 하나님의 말씀을 순종하는 자가 복을 받는다. 그러나 부모를 학대하면 저주를 받는다 (레 20:9, 출21:17, 마 15:4).

　부모의 은혜는 태산보다높고 바다보다 깊고 세계보다 넓다.

　아!~~~ 부모의 은혜! 나 어찌 잊으랴........

"어머니 마음"

1. 낳실제 괴로움 다 잊으시고 기르실제 밤낮으로 애쓰는 마음
   진자리 마른자리 갈아 뉘시며 손발이 다 닳도록 고생하시네
   하늘 아래 그 무엇이 넓다 하리오 어버이의 희생은 가이 없어라

2. 어려선 안고 업고 얼러 주시고 자라선 문 기대어 기다리는 맘
   앓을 사 그릇될 사 자식 생각에 고우시던 이마 위에 주름이 가득
   땅 위에 그 무엇이 높다 하리오 어버이의 정성은 그지 없어라

3. 사람의 마음속엔 온 가지 소원 어버이의 마음속엔 오직 한 가지
   아낌없이 일생을 자녀 위하여 살과 뼈를 깎아서 바치는 마음
   인간의 그 무엇이 거룩하오리 어버이의 사랑은 지극 하여라

제6계명 "살인하지 말지니라"(13)

하나님은 사람의 생명을 귀중히 여기신다. 하나님께서 천지를 창조하실 때에 사람을 위해서 지으셨다. 자연계시인 만물과 계절 춘하추동(春夏秋冬) 그리고 만물을, 사람을 위해서 만드신 것이다. "생육하고 번성하여 땅에 충만 하라 땅을 정복하라"고 하셨다. 우주 가운데 중심이 사람이다. 그러므로 사람들의 생명은 고귀한 존재이다.

하나님은 사람들의 생명에 대하여는 엄격하였던 것이다. 살인

자는 죽이라고 하셨다. 살인에 대하여는 원인까지 금지하였다. 곧 미워함, 원수 맺는 것, 분노 등이다(레 19:17-18 요일 3:15).

폭력(출 21:12,14,18) 자살도 살인죄라고 하였다.

"네 원수가 주리거든 먹이고 목마르거든 마시우라"(롬 12:19-20) 함은 사람의 생명을 귀히 여기라는 말이다.

제7계명 "간음하지 말지니라" (14)

간음(姦淫)은 성 문란이요, 가정파괴에 이르게 되기도 한다.

남녀의 부도덕적인 불륜(不倫)은 자신은 물론 사회를 어지럽히는 추한 죄이기도 하다. 그러므로 "음행을 피하라"고 하였다(고전 6:18). 또한 음행하는 자는 "자기 몸에게 죄를 범하는 것"이라고 하였고 "하나님의 전"인 자기를 더럽히는 죄를 범하는 것 이라고 하였다(고전 3:16-17).

마 5:27-28에 말하기를 "……여자를 보고 음욕을 품는 자마다 마음에 이미 간음 하였느니라"고 하였다. 마음에서부터 멀리하고 음행은 피해야 한다.

※음행죄(淫行罪)를 피하는 방법 (고전 6:18)
① 생각을 피하라
② 환경을 피하라
③ 장소를 피하라
④ 기회를 피하라

고전 7:2에 말하기를 "음행이 많으므로 남자마다 자기 아내를 두고 여자마다 자기 남편을 두라"고 하였다. 곧 결혼 하라는 뜻이다. 청춘 때에는 정욕(精慾)이 불 같이 일어나는 때이다. 그러므로 결혼하는 것은 매우 잘하는 일이다.

요즘 사회는 독거인(獨居人)이 많다. 결혼기를 놓친 젊은 남녀, 사별(死別)한 남녀, 이혼자들도 적지 않다. 잠 6:28-29에 "....무릇 그를 만지기만 하는 자도 죄 없게 되지 아니하리라"고 하였다. 남녀는 참으로 묘한 사이이다. 그러므로 피해야 한다. 간음은 가정을 파괴하는 주 원인이 된다. 가정에는 불화가 생기고 이로 인하여 그의 자녀들이 탈선될 우려도 있고 가정행복이 송두리째 없어진다.

다윗왕은 우리아의 아내 밧사바와 동침하는 죄를 범하여 그 죄값으로 많은 고통을 받았다. 시 51편은 다윗이 밧세바와 동침한 후 나단선지자에게 책망 받고 회개한 시 이다.

그가 얼마나 울었던가? 특별히 목회자들은 여성도를 조심, 또 조심하여 이성에 대한 말을 듣지 않도록 함이 목회성공에 있어서 하나의 벽을 넘는 일이다.

목회자가 주의할 3가지를 말 한다면 첫째, "돈 사랑하지 말라" 둘째, "이성을 멀리 하라" 셋째, "명예와 영광심을 버리라"고 할 것이다.

목회자는 "성경에서 눈을 떼지 말라" 그리고 "깨어 항상 기도하라" 또한 "항상 마음을 하나님께 기울여 신령(神靈)한 영(靈)

의 길을 걸어가라" 그래야 생명력 있는 설교를 할 수 있다. 신령한 길을 걸어가는 목사를 누가 감히 바라보겠는가?

다윗이 밧세바와 동침하는 죄를 범한 것은 백성들은 전쟁을 하고 있을 때 왕궁에서 낮잠 자고 일어나서 목욕하는 여인 밧세바를 바라보고 동침하게 된 것이다. 이는 다윗왕의 방심과 안일이요 깨어있지 않았기 때문이다(삼하 11:1-6)

제8계명 "도적질하지 말지니라"(15)

남의 재산을 불의하게 취하는 행동이다. 일하지 않고 먹는 것도 도적질하는 행위이다. 하나님은 "6일 동안 힘써 일 하라"고 제4계명에서 말씀하셨다. 십일조를 드리지 않는 것은 "하나님의 것을 도적질하는 죄"라고 성경은 말한다. 말 3:8에 "사람이 어찌 하나님의 것을 도적질 하겠느냐 그러나 너희는 나의 것을 도적질 하고도 말하기를 우리가 어떻게 주의 것을 도적질 하였나이까 하도다. 이는 곧 십일조와 헌물이라"고 하였다(말 3:10, 마23:23). 우리가 노력해서 얻은 것의 10분의 1은 하나님의 것이다. 그러므로 10분의 1(십일조)은 하나님의 것이기 때문에 십일조를 하나님께 드려야 한다.

어떤 목사는 말하기를 목사는 구약의 레위인 제사장과 같기 때문에 십일조를 받는 자이므로 십일조를 드리지 않아도 된다고 한다. 오늘날 목사는 구약의 레위인과 같다. 그러나 성경은 말하기를 느10:38에 "……레위사람들은 그 십일조의 10분의 1을 가

져다가 우리 하나님 전 골방 곧 곡간에 두되"라고 하였다(민 18:26). 그러므로 목사도 십일조를 해야 한다. 민 18:32에 "아름다운 것을 받들어 드린즉, 이로 인하여 죄를 짓지 아니할 것이라" 이 말씀은 레위인들이 십일조 예물을 태만히 함으로 죄를 짓지 말라는 말이다. 그들은 백성들이 바친 십일조 성물로 사는데 자신들도 그중에서 십일조를 드려야 한다는 것이다. 그렇지 못하면 이스라엘 백성의 성물을 더럽히는 것이요, 그들은 죄를 범하는 것이 되는 것이다.

교인을 잘 가르쳐서 신앙을 길러 놓으면 십일조를 잘 한다. 그러나 강조만 하는 것은 효과가 없다.

제9계명 "네 이웃에 대하여 거짓 증거 하지 말지니라"(16)

거짓의 죄는 에덴동산에서 마귀에게서부터 나왔다(창 3:1-5). 한마디를 거짓말 하게 되면 그 말을 가리기 위해서 거듭 거짓말을 하게 된다. 거짓은 마귀의 소행이니 거짓말은 마음에서부터 뽑아버려야 한다.

수 2:4-7에 라합이 이스라엘의 정탐꾼을 숨겨놓고 그들을 잡으러 온 사람들에게 거짓말을 하였다. 곧 "그 사람들이 어두워 성문을 닫을 때 쯤 되어 나갔으니 어디로 갔는지 알지 못하되 급히 따라가라 그리하면 그들에게 미치리라"고 하였다(5절) 이것은 완전한 거짓말이다. 거짓말은 죄악이다. 그러나 어떤 학자는 말하기를 "이스라엘을 구원하기 위해서 한 거짓말은 죄악이라고 할 수 없다"고 하였다.

남을 해하고 자기 유익을 얻기 위한 거짓말은 죄악이다. 아합왕의 아내 이세벨이 나봇의 포도원을 빼앗기 위하여 비류 두 증인을 세워 "나봇이 왕을 저주하고 하나님을 저주 하였다"고 말하게 하고 돌로 나봇을 쳐 죽였다. 이것은 죄악이다(왕상 21:11-16). 후에, 아합왕과 이세벨은 나봇을 죽인 죄 값을 받았다(왕상 21:17-19).

제10계명 "네 이웃의 집을 탐내지 말지니라"
네 이웃의 아내나 그의 남종이나 그의 여종이나 그의 소나 그의 나귀나 무릇 네 이웃의 소유를 탐내지 말지니라(17)

탐심이 마음에서부터 시작되어 행동으로 옮겨질 때는, 탐심을 채우기 위하여 사기, 횡령, 죄를 범하게 된다. 그리고 탐심은 우상 숭배 라고 성경은 말한다(골3:5).

탐심의 근원은 첫째로 자기 소유물에 만족 할 줄 모르는데 있으며, 하나님보다 세상 소유물을 중요시 하는 것은 우상이다. 탐심을 물리쳐야 한다(눅12:15).

탐심을 물리치지 않으면 마음에 고통이 있을 것 뿐이다. 탐심을 물리치는 방법은 오직 믿음이다. 믿음은 모든 것을 할 수 있다.

PART 3

주기도문(主祈禱文)
(마6:9-13)
(The Lord's Prayer)

The Lord's Prayer

주기도문(主祈禱文)

(마6:9-13)

(The Lord' Prayer)

하늘에 계신 우리 아버지여

이름이 거룩히 여김을 받으시오며

나라이 임하옵시며

뜻이 하늘에서 이룬 것같이

땅에서도 이루어지이다

오늘날 우리에게 일용할 양식을 주옵시고

우리가 우리에게 죄 지은 자를 사하여 준 것같이

우리 죄를 사하여 주옵시고

우리를 시험에 들게 하지 마옵시고

다만 악에서 구하옵소서

대개 나라와 권세와 영광이

아버지께 영원히 있사옵나이다. 아멘.

제3부
주기도문(主祈禱文) 해설
(The Lord's Prayer)

(1) "하늘에 계신"

'하나님이 하늘에 계시다' 함은 모든 피조물과 달리 절대적이며 그 권능이 무한하시며 또한 지극히 높은 주재자(主宰者)가 되시며 지극히 성결하심을 뜻한다(시 2:1-4, 115:3, 대하 2:6)

하나님은 시간과 공간을 초월해 계시며 무소불능(無所不能)하시고 무소부지(無所不知)하시고 무소부재(無所不在)하시는 영원자존자(永遠自存者)이시다(출 3:14-15).

(2) "우리 아버지여"

하나님은 우리 아버지이다. 죄인 된 우리가 하나님을 아버지라 함은 우리가 하나님의 아들 됨을 말한다. 하나님의 아들이 된 것은 독생자이신 예수 그리스도의 구속의 은혜를 힘입고 그를 믿음으로 말미암아 아들이 된 것이다. 요 1:12 "영접하는 자 곧 그 이름을 믿는 자들에게는 하나님의 자녀가 되는 권세를 주셨으니" "자녀이면 또한 후사 곧 하나님의 후사요 그리스도와 함께한 후사니 우리가 그와 함께 영광을 받기 위하여 고난도 함께 받아야 할지니라"(롬 8:17) 라고 하였다. 주를 믿는 자는 양자의 영(養子의靈)을 받았으므로 하나님을 "아바 아버지라 부르짖는 것이다" (롬 8:15). 우리가 아들로서 하나님 아버지께 기도하면 무엇이든지 들어주신다(마 7:7-11, 약 4:2). "구속하신 아버지시여....사랑하시는 아버지시여....."라고 기도한다.

(3) "이름이 거룩히 여김을 받으시오며"

우리는 구속함을 받은 하나님의 아들로서 아버지의 이름을 거룩히 여김을 받도록 살아야 할 것이다. 이것이 아들이 해야 할 본분(本分)이다.

하나님은 불변적인 속성이기 때문에 인간이 하나님을 거룩하게 할 수는 없다. 하나님의 본성은 거룩하시다. 여기 기도문의 뜻은 하나님의 거룩하심을 나타나게 해 달라는 뜻이다. 우리가 거룩하신 하나님을 믿으면서 우리의 생활이 하나님과 같이 거룩하지 못하면 하나님의 거룩하심이 나타나지 않는다. 그러므로 성도가 하나님과 같이 거룩하면 성도를 통해서 하나님의 거룩하심이 더욱 나타나게 될 것이다. 벧전 2:9에 "……너희를 어두운 가운데서 불러내어 그의 기이한 빛에 들어가게 하신자의 아름다운 덕을 선전하게 하려하심이라" 또 11절에서 말하기를 "사랑하는 자들아 나그네와 행인 같은 너희를 권하노니 영혼을 거스려 싸우는 육체의 정욕을 제어하라"라고 하였고, 벧전 2:5에서는 "너희도 산 돌 같이 신령한 집으로 세워지고 예수 그리스도로 말미암아 하나님이 기쁘게 받으실 신령한 제사를 드릴 거룩한 제사장이 될지니라"

이렇게 신자의 거룩한 생활(聖化)은 하나님의 속성에 까지 영향을 미친다. 신자는 하나님의 거울이다.

여기 '이름'은 그의 '본성' 그의 '인격' 곧 하나님 자신 이시다. 거룩하신 하나님 앞에 엎드려 경배하며 송축하라. "하늘과 땅과 그 가운데 있는 모든 것들이여…. 여호와를 찬양하라"(시 148편)

(4) "나라이 임하옵시며"

여기 '나라'는 하나님이 임재(臨在)하시는 천국 만이 아니다. 현재 우리 안에 임재해 있으며, 이 나라는 조만간 예수 그리스도의 재림으로 말미암아 영광스럽게 이루어질 것이다.

하나님의 나라는 영적으로 우리의 생활에 임재하시며 통치하심으로 우리들은 하나님의 통치(統治)를 받으면서 죄악을 벗어나 평화를 누리게 된다.

(5) "뜻이 하늘에서 이룬 것 같이 땅에서도 이루어 지이다"

'뜻' 이 하늘에서의 '하늘' 은 장소성(場所性)을 말한다. 하늘에서 뜻이 이룬 것 같이, 곧 하늘에서는 거룩한 천사들이 하나님의 뜻을 이루어 나가고 있다. 이와 같이 땅에 있는 성도들도 땅에서 죄악과 싸우며 마귀와 싸우면서 하나님의 뜻을 이루어나가야 한다. 이것이 땅에 있는 성도의 본분이다.

바울이 말하기를 "선한 싸움을 싸우며 나의 달려갈 길을 마치고 믿음을 지켰으니" (딤후 4:7) 이는 믿음을 지키면서 하나님의 뜻을 이루어 나아 가라는 것이다.

(6) "오늘날 우리에게 일용할 양식을 주옵시고"

왜 일용할 양식(日用할糧食)만을 구하는가? 신자는 먹는 것이 첫째가 아니다. 먹든지 마시든지 하나님을 영화롭게 하는 것이 성도의 생활의 표준이다(롬 14:6-8,17, 잠 30:8-9).

성도는 먼저 "그의 나라와 그의 의(義)를 구하라" (마 6:33)고 하였다. 그러나 많은 사람이 먹고 마시는 문제 때문에 곧, 재물 때문에 범죄하고 가정이 깨지고 국가 간 전쟁을 치르기도 한다.

그러므로 일용할 양식으로만 만족해야 한다. 성도는 육신의 먹고 마시는 생활 때문에 마음과 시간을 빼앗기면 안 된다. 예수님께서 40일 금식한 후 주리시니 그때 마귀가 시험하여 예수님께 말하기를 "네가 만일 하나님의 아들이어든 명하여 이 돌들이 떡덩이가 되게 하라" 그때 예수께서 말씀하시기를 "사람이 떡으로만 살 것이 아니요 하나님의 입으로 나오는 모든 말씀으로 살 것이라"고 하였다(마 4:3-4). 먼저 구할 것은 '그의 나라와 그의 義'를 구하는 자가 되어야 한다. "그리하면 이 모든 것(먹을 것과 마실 것)을 너희에게 더하시리라"고 하였다(마 6:33).

'일용할 양식'에 대하여

혹자는 해석하기를 영의 양식이라고 한다. 그러나 이것은 영의 양식이 아니다. 육의 양식을 가리킨다.

출16:1-30은 이스라엘 백성들이 출애굽 후 2월15일에 먹을 것 때문에 모세와 아론을 원망하였다(1-3). 그때 하나님께서 하늘에서 만나를 내려주셨다. 이 만나 양식은 가나안 입국 후 가나안에서 첫 번으로 열매를 얻을 때까지(수5:12) 날마다 내려주신 것이다. 그러니까 40년동안 내려주신 것이다.

하나님은 백성들에게 일용할 양식을 날마다 거둘 것이라고 하였다(4).

※ "만나를 거두되 인수(人數)대로 매명(每名)에 한 호멜씩 거두라"고 하셨는데 어떤 이는 욕심으로 많이 거두었더니 이튿날 보니 벌레가 나고 냄새가 났다.

만나는 매일 내려주심으로 날마다 나가서 거두어들이면 된다. 일용할 양식이면 족하다 안식일에는 하나님의 거룩한 날을 거룩하게 지키게 함으로써 만나가 내리지 않았다. 그러나 6일에는 이틀 분 양식을 거두라고 하였다. "그 나라와 그 의(義)" 만을 구하면 일용할 양식을 주시는 것이다(마6:33).

잠30:8-9 "나로 가난하게도 마옵시고 부하게도 마옵시고 오직 필요한 양식으로 내게 먹이시옵소서 혹 내가 배불러서 하나님을 모른다 여호와가 누구냐 할까 하오며 혹 내가 가난하여 도적질하고 내 하나님의 이름을 욕되게 할까 두려워함이니라"(빌 4:12)고 하였다. 일용할 양식만 구하는 이유는 하나님만으로 살기 위함이다(합 3:7-18).

사람은 먹는 일을 위해서 나지 않았다. 또 먹는 일이 삶의 전체가 아니다. 롬14:17에 말하기를 "하나님의 나라는 먹는 것과 마시는 것이 아니요 오직 성령 안에서 의와 평강과 희락이라"고 하였다.

부한 생활에서 행복이 있는 것이 아니다. 먼저는 영이요 영의 일을 위해서 육신이 건강해야하고 돈도 필요하다 "몸이 따스하고 배가 부르면 음심(淫心)이 일어나고 몸이 차고 배가 고프면 도심(道心)이 싹튼다"는 말이 있다. 그러므로 일용할 양식이 내게 족한 줄 알고 일용할 양식을 구하라. 그리고 먼저 그 나라와 그의 의를 구하라 그리하면 하나님은 구하지 않아도 일용할 양식을 주신다.

(7) "우리가 우리에게 죄 지은 자를 사하여 준 것같이 우리 죄를 사하여 주옵시고"

여기서 말하는 '사죄'는 기본적인 사죄를 가리키는 것이 아니다. 다시 말하면 죄인으로서 하나님의 자녀가 되게 하는 사죄를 가리키는 것이 아니고 일반적 사죄 곧 믿은 후에 항상 범하는 허물에 대한 용서를 이름이다(요1:8-9).

내가 형제의 죄를 먼저 용서 해야만 하나님도 내 죄를 용서 하신다는 뜻이다. 그러므로 우리가 하나님께 기도 할 때에 형제가 내게 죄를 범 했을 때에 내가 먼저 용서해 주고 나서 내가 하나님께 내 죄를 용서 해 달라고 해야만 용서 해 주신다는 것이다. 이는 조건부 이다.

삼상 24:16-19 말씀에 다윗이 사울을 용서한 행위는 믿음에서 한 것이다. 원수를 사랑하고 용서하는 일은 믿음이 아니면 하기 어렵다. 믿음은 모든 것을 할 수 있다.

(8) "우리를 시험에 들게 하지 마옵시고"

우리가 시험을 당할 때에 거기에 빠지지 않게 해 달라는 기도이다. 곧 시험에 빠지지 않게 도와주시기를 구함이다. 우리가 이 악한 세상에서 시험을 당하지 않을 수는 없다. 그러나 시험을 당했을 때에 거기에 빠지지 않는 것이 지혜로운 일이다(마 26:41).

(9) "다만 악에서 구하옵소서"

이 말씀은 위에 대한 보충(補充)문구이다. 시험에 빠지지 않게 할뿐만 아니라 그 시험에서 멀리 떠나 안전한 자리로 인도 해주시기를 구함이다. 시험에 들어서 오래도록 거기에 있으면 악에 빠질 수 있는 연약한 존재이다. 그런고로 "분을 내어도 죄를 짓지 말고 해가 지도록 분을 품지 말고 마귀로 틈을 타지 못 하게하라"(엡4:26)고 하였다.

(10) "대개 나라와 권세와 영광이 아버지께 영원히 있사옵나이다" 아멘

이 문구는 소서사본(小書寫本)에만 있고 대서사본(大書寫本: 시내산 사본, 바티칸 사본, 베쟈 사본)에는 없다.

이는 주기도문의 송영(頌榮)이며 신앙 고백이다
나라: 그리스도를 왕권으로 한 나라이다(마 16:28)

권세: 왕권인 그리스도의 권세다
    (마 28:18, 단 4:34-35, 마 9:6, 요 17:2, 눅 10:19)

영광: 그리스도의 왕권인 영광이다 (마 16:27)

영원히: 그리스도의 나라와 권세와 영광은 영원하다
    (계 11:15, 마 19:28)

부록

성경은
하나님의 말씀이다

성경은 하나님의 말씀이다

대한 예수교 장로회 신조(信條) 제1조에 "신구약 성경은 하나님의 말씀이니 신앙과 행위에 대하여 정확 무오한 유일의 법칙이다"라고 하였다. 이 신조는 웨스트민스터 신앙고백서 제1장 제2항의 요약이다.

우리는 이점에 있어서 장로교의 원본 신경(信經)인 웨스트민스터 신앙고백서의 성경 영감 교리를 바로 알아야 한다.

우리가 웨스트민스터 신앙고백서의 역사적 의미를 알려면 이 고백서의 성경교리를 작성했던 신학자들의 성경 영감 교리 사상을 바로 알아야 한다.

(1) 그 신학자들 중에 최고의 영예를 가졌던 '존발'은 제 1장 제 2항의 "직접적인 영감으로 주신 것"이란 문구에 대하여 다음과 같이 말하였다. "직접적인 영감으로 주셨다" 함은 직접 성령으로 말미암아 하나님 아버지로부터 임한 말씀을 가리킨다. 성경은 그 내용이나 그 문구들이 다 영감된 것이다.

(2) '윌리엄 브릿지'는 말하기를 "기록된 하나님의 말씀은 그들(예수님의 제자들)이 산(山)에서 들은 말씀(벧후 1:18 "이 소리는 우리가 저와 함께 거룩한 산에 있을 때에 하늘로서 나옴을 들은 것이라") 보다 더욱 확실하다. 성경에 대한 이해를 하려고 하면 먼저 성경의 글자들을 바로 알아야 한다. 글자와 의미는 나눌 수 없는 것이다. 몸을 파상(破傷)하라 그리하면 그 몸을 가진 자를 파상함이 된다. 성경의 글자를 파상하면 성경을 파상함이다"라고 하였다.

(3) '존 화이트'는 다음과 같이 말하였다. "성경은 곧 하나님의 말씀인데 그가 무리에게 그것으로 말씀하신다. 그러므로 우리가 성경을 손에 둘 때에는 하나님의 존전에 서서 그가 우리에게 말씀하심을 들으려는 자리에 있는 것으로 생각할 수밖에 없다. 성경 기자(記者)들은 거룩한 사람들이었고 하나님의 성령으로 말미암아 전적으로 그릇됨이 없게 영감을 받았으며 또 인도함을 받았다. 성령께서 그들에게 도리(道理)의 실질(實質)만을

주신 것이 아니고 그것을 기록하는 문구와 방법과 그 기록의 모든 조직까지도 주신 것이다. 성령께서 그 기자들로 하여금 그의 주시고자 하시는 말씀을 깨닫게 하며 받게 하며 거룩하게 하신 것이다."

그는 또 말하기를 "성경 기자들은 마귀의 귀탁(鬼託)을 받는 자들과 다르다. 귀탁을 받는 자들은 탈혼(脫魂)과 같은 방법에 의하여 그들 자신도 모르게 귀탁을 받아서 전한다. 그러나 성경 기자들은 영감의 말씀을 의식적(意識的)으로 받아서 순종하는 마음으로 그것을 전하였다. 성령께서는 성경 기자들에게 교회에 전할 교리의 실질만을 제시하신 것이 아니고 그 성경 기록의 문구들과 방법과 제재(題材) 배열의 순서까지 영감으로 주셨다.

그것은 일반 사역자들에게는 주시지 않은 것이다. 성령께서 일반 사역자들에게는 복음의 실질만을 바로 깨닫게 하시고 그것을 전달함에 있어서는 그들이 가질 수 있는 말의 실수 같은 것은 주관하시지 않는다" 라고 하였다.

(4) '베게스'는 다음과 같이 말하였다. "모든 성경은 하나님께서 영감으로 주신 것이다. 그가 우리의 주의를 성경에만 집중하도록 명령하심은 우리를 성경에 붙잡아 매시려는 의도이다. 그것은 마치 태아가 그 탯줄을 통해서만 영양을 섭취하는 것 처럼 교회는 성경을 통해서만 그리스도 안에서 산다."

(5) '에드워드 캘라미'는 다음과 같이 말하였다. "성경이 하나님의 영감으로 된 것은 확실하다. 성경은 하나님의 마음을 전사(轉寫)한 것이다. 진정한 성도는 성경의 글자 마다에 있어서도 하나님의 이름과 권위와 능력과 지혜와 선을 느끼고 사랑하며 또 기뻐할 수밖에 없다. 성경은 하늘에 계신 하나님께서 성도에게 보내주신 편지이다.

하나님의 말씀은 하나님께서 그 저자이시니 무한한 그 지혜와 웅변이 거기에 충만하다. 성경에는 한 말씀이라도 하나님을 보여주지 않은 말씀이 없다."

(6) '라이푸트'(John Lightfoot. 1602-1675 A.D.)는 정경(正經)이 그 범위에 있어서나 세밀한 내용에 있어서나 하나님의 영감으로 되었다고 하며 다음과 같이 말하였다. "하나님의 성령은 구약 시대의 어떤 사람들을 감동시켜서 그가 사람들에게 계시하고자 하시는 뜻을 완전히 기록하게 하셨다.

그 후에는 그가 얼마동안 그와 같은 특수 영감의 일을 정지하셨다. 그리고 신약 시대에 이르러서 그는 다시 영감의 역사를 통하여 신약 성경을 기록하게 하셨고 그 후에는 그런 일을 완전히 정지하셨다."

우리는 "라이트푸트의 전집"이란 책에서 다음과 같은 요점들을 찾아볼 수 있다.

① 성경은 전 진리의 기록이다.
② 기독신자는 신구약 성경 이외에 무슨 다른 계시를 기대하면 안 된다.
③ 성경 기자들은 성령의 대리자이며 그 기자들의 일이 하나님의 손가락이다.
④ 성경의 어떤 기사(記事)들의 순서가 사람 보기에는 선 후(先後)가 바뀐듯 하나 실상은 그런 것이 아니고 하나님의 지혜에 합당한 것이며 장엄한 문체를 이룬다.
⑤ 성경의 문체와 방언까지 성령의 것이고 그 용어들까지도 성령의 것이다.
⑥ 그는 성경 말씀을 설명하거나 인용할 때에 "성령이 말씀하시기를"이라고 하였다.
⑦ 성경의 권위는 성경이 하나님의 말씀인 그 사실에 있다고 하였고 성경은 성경 자체를 인하여서 신뢰될 것이다.
⑧ 성경의 무오류 교리(無誤謬敎理)가 성경에 대한 그의 첫째 교리였다.
⑨ 그는 성경의 난해구(難解句)들에 대하여 다음과 같이 말하였다. "성경의 난해구들은 다 해결될 수 있다. 그런 난해구들 중 어떤 것들은 성령으로 말미암아 고상하고 선한 목적으로 사용되었다. 그것들은 도리어 성경의 장엄성(莊嚴性)과 미(美)를 나타낸다."

(7) '루터포드'(Samuel Rutherford. 1600-1661 A.D.)는 말하기를 "성경은 그것이 근본적인 부분 여부를 무론하고 다 하나님의 말씀을 기록한 것이다"라고 하였고, 또 말하기를 "성경의 모든 부분들이 다 하나님의 말씀인 그 사실을 반대하는 것은 배교 행위이다"라고 하였으며 "성경기록이 성령의 감화력에 의하여 착오 없이 되었다"고 하였다.

(8) 교부(敎父) '이레네오'(140-202 A.D)는 말하기를 "성경은 그릇됨이 없는 불변의 신앙 규준이다. 성경은 다른데서 찾을 수 없는 영화로운 계시와 발견들을 포함하고 있다. 우리는 하늘에서 내려오는 음성(현재 하나님께서 직접 들려주시는 그의 음성)보다 더 확실한 말씀을 가지고 있다. 하늘에서 말씀하시는 하나님과 기록한 말씀으로 말씀하시는 하나님은 동일하시다"라고 하였다(참조. 벧후 1:16-19). (박윤선 목사 저 웨스트민스터 신앙고백서 P. 193-196)

이 력 서

이 름: 최낙일(崔洛一) CHOI. NAK IL
생 일: 1929. 8. 10. (84세)
본 적: 平安北道 定州郡 古德面 觀海洞
주 소: 1721 w. 8th St #409 Los Angeles CA 90017 U. S. A.
T e l: (213)989-0654 Cell: 213-718-2825
한 국: 010-3357-7284

1950년 11월 越南(6·25 戰亂)
高麗神學校 豫科修了(1953)
慶熙大學校 法科大學 法律學科 卒業(1956)
總會神學大學 卒業(1961)
總會神學大學 牧會神學院 卒業(1981)
牧會經歷 53년(釜山,密陽, 서울(萬里洞교회, 汝矣島교회, 驛三洞 大光교회)
神學校講義(契約神學校敎授, 로고스神學校, 大田神學校, 平壤神學校, 平壤神學校 研究院)
曾經 總會長(大韓예수敎長老會改革總會) 2002
大光敎會 元老牧師(2003)
LA東部長老교회 協同牧師(現在)
北韓 宣敎會 會長(現在)
福音文書宣敎會(G. L. M.)會長(現在)

受賞
MBC 文化放送 8·15 기획특집
南北 이산가족 手記 公募 作 當選 "꿈에 본 내 고향"(1992)

著書
설교집 I "파수꾼의 외침"(1995)
설교집 II "세미한 소리"(1997)
牧會50年史의 回顧錄 (自敍傳) "주의 날개 그늘에서"(2003)
隱退後의 回顧錄 (自敍傳) "은총의 두 번째 인생"(2010)
"주일을 거룩하게 지킵시다" (主日聖守) (2011)
"목회와 목회자 부부" (牧會와 牧會者 夫婦) (2012)
평신도를 위한 알기 쉬운 "사도신경해설, 십계명해설, 주기도문해설"(2013)

평신도를 위한 알기 쉬운
사도신경 해설, 십계명 해설, 주기도문 해설

■

초판 1쇄 인쇄 / 2013년 11월 20일
초판 1쇄 발행 / 2013년 11월 30일

■

지은이 / 최 낙 일
펴낸이 / 김 수 관
펴낸곳 / 도서출판 영문
122-070 서울시 은평구 역촌동 10-82
TEL • (02) 357-8585
FAX • (02) 382-4411
E-mail • kskym49@hanmail.net

■

출판등록번호 / 제 03-01016호
출판등록일 / 1997. 7. 24

파본은 교환해 드립니다.
본 출판물은 저작권법으로 보호 받는
저작물이므로 출판사나 저자의 허락없이
무단 전재나 무단 복제를 할 수 없습니다.

정가 7,000원
ISBN 978-89-8487-308-7 03230
Printed in Korea